곱창 **1**인분도 **배달**되는 세상,
모두가 **행복**할까?

질문하는 사회 09

곱창 1인분도 배달되는 세상, 모두가 행복할까?

인권

오찬호 글 소복이 그림

나무를 심는 사람들

차별을 차별이 아니라고 하면 모두가 차별받는다

〈대장금〉이라는 드라마를 아시나요? 여러분에게는 낯설 수도 있 겠지만 이 장면은 보셨을 것입니다. 수라간(임금의 식사를 담당하는 주방) 궁녀가 되려는 아이들이 미각 테스트를 받습니다. 음식을 먹 고 재료를 맞히는 것이지요. 한 아이가 고기의 양념은 설탕, 간장, 식초 등등이라며 야무지게 말합니다. 다들 놀라워하는데 문제를 낸 상궁은 하나가 틀렸다는 표정입니다. 그리고 모두에게 음식을 먹어 보라 하죠. 대부분이 제일 뛰어난 아이가 그렇다면 그런 거 아니겠냐는 태도를 보일 때, 어린 장금이가 말합니다.

장금 홍시입니다.

상궁 무엇이라 했느냐?

장금 설탕이 아니라 홍시이옵니다.

상궁 어찌 홍시라 생각하느냐?

장금 예? 저는 제 입에서 고기를 씹을 때 홍시 맛이 났는데, 어찌 홍시라 생각했느냐 하시면 그냥 홍시 맛이 나서 홍시라 생각 한 것인데….

'차별'을 주제로 책을 쓰면서 〈대장금〉이 생각난 것은 우리가 차별을 차별이라고 말하며 살고 있는지가 의심스러웠기 때문입니다. 절대 미각을 지닌 장금이가 별다른 고민 없이 홍시 맛을 그냥 느끼는 것처럼 차별과 혐오도 사람들이 그 자체로 나쁜 것임을 알아야 합니다. 그 감각과 능력을 가정에서, 학교에서 그리고 미디어를 통해서 모두가 제대로 배운다면 아마 모두가 행복하게 살아가겠지요. 하지만 현실은 그렇지 않죠.

　모두가 설탕이라 한들 홍시는 홍시지만, 우리가 발 딛고 있는 세상에서는 존재하는 홍시가 부정당합니다. 가족을 아빠, 엄마, 자녀들이라는 핏줄의 개념으로만 이해하면 문제점이 발생합니다. 하지만 사람들은 가족을 정상과 비정상으로 구분 짓죠. 그때부턴 홍시를 홍시라고 해도 비정상 취급을 받을 수 있습니다. 성적으로 사람을 줄 세우면 누군가는 차별과 혐오 때문에 아파하지만, "그게 왜 문제야?"라고 말하는 사람이 많으면 별거 아닌 게 되어 버리는 것도 마찬가지죠.

어른들은 청소년들에게 사회는 냉정하기에, 살아남으려면 무엇이든 목숨 걸고 해야 한다고 가르쳤습니다. 덕담처럼 보이지만, 이는 사회 탓하지 말고 개인이 어떻게든 살아남을 방법만을 찾는 게 옳다는 분위기를 형성하죠. 자연스레 고정 관념에 맞추어서 사는 게 정답으로 등장하게 됩니다. 많은 사람들이 생각하고 행동하는 것에는 다 그럴만한 이유가 있다고 여기고 자신 역시 군말 없이 하라는 대로 하는 게 안전하다고 배웁니다. 이는 차별에 항의하면서 문제를 개선하려 하지 않고, 원래 세상은 그러하니까 내가 받아들이는 게 훨씬 속 편하다고 여기는 것으로 이어지죠. 내가 홍시 맛을 느끼는 게 중요한 게 아니라 다른 사람이 어떻게 답하는가가 정답인 것이지요. 즉, 차별과 혐오에 대한 감수성이 낮을수록 사회생활 잘하는 게 되어 버립니다.

이 책은 우리가 인생 전체에서 만날 온갖 부조리한 경험들을 응축시켰습니다. 태어나기 전부터 죽을 때까지 차별과 혐오로부터 자유로울 수 없는 우리의 생애를 40개의 테마로 정리했습니다. 어릴 때, 자라면서, 청년이 되어, 어른으로 살아가며 사람은 끊임없이 특정한 기준을 강요받습니다. 좋은 잣대도 있지만 편견으로 얼룩져 나쁜 생각과 행동을 유발하는 경우도 많지요. 여러분은 세상의 고정 관념 때문에 매우 힘들어하는 피해자이면서도, 때론 타인을 아프게 하는 가해자일지도 모릅니다.

좋은 세상은 나쁜 세상을 만나는 것을 두려워하지 말아야 가능합니다. 불편한 것을 감추지 않고 드러내야지만 사회가 변합니다. 자신이 좋다고 생각하는 것을 의심해야지만 정상과 비정상이라는 고정 관념을 깰 수 있습니다. 이 과정은 전혀 유쾌하지 않습니다. 꽤나 울적하죠. 하지만 이를 피하지 않을 때, 우리는 행복해질 것입니다. '차차차'를 기억하세요. 차별을 차별이 아니라고 할수록 우리는 차별 때문에 힘들어하게 된다는 사실을.

차례

3장
청소년이 제일 만만해?

6장
늙어서도 차별받네

. . . .

• 에필로그

1장

눈떠 보니
온통
차별이네

1

내가 태어난 게 운이 좋아서라고?

여러분이 누군가의 아들, 딸로 태어난 것은 자연의 섭리일까요? 부모님께 왜 '내가 아빠 딸인지', '엄마의 아들이 되었는지'를 물으면 보통 "하늘이 준 선물인데 이유는 모르지."라고 답하십니다. 사람이란 존재가 사이즈와 색상을 고르는 물건일 수 없으니, 자연의 섭리인 부모와 자녀의 인연에 '왜'라는 질문은 어색해 보입니다. 과연 그럴까요?

출생 성비란(이하 '성비'로 표현) 여자아이가 100명 태어날 때 남자아이가 태어난 숫자를 뜻합니다. 100 이상이면 남자가 더 많이 태어났다는 뜻인데, 자연 상태에서의 성비는 103~107 정도입니다. 전쟁 이후 출산이 증가하기도 하고, 개인적 이유로 임신을 기피하거나 중단하는(낙태) 경우는 있지만 자녀 성별을 인간의 의지로 조정할 수는 없습니다.

하지만 연도별 성비를 보면 고개가 갸우뚱해집니다. 한국에서 성비가 일반적 수치인 105 내외가 된 것은 2010년 이후입니다. 1980년대부터 성비는 꾸준히 증가하여 1990년에는 무려 116.5를 기록합니다. 이 수치는 인구 조사를 시작한 이래 최고였고 세계적으로도 드뭅니다. 이후 자연 상태의 성비를 회복하는 데 20년이 걸렸습니다.

지역별로도 확연한 차이가 납니다. 1990년의 성비를 보면, 대구 129.8, 경상북도 130.6, 경상남도 124.7 등 영남 지역의 수치가 높았습니다. 셋째 아이부터의 성비는 더 심각합니다. 전국 셋째 아이 이상의 출생 성비는 1993년에 무려 209.7입니다. 대구는 337.6, 부산은 325.5입니다. 남아가 여아보다 3배 넘게 많았다는 놀라운 숫자입니다.

셋째 아이의 성비는 2003년에도 136.2를 기록할 정도로 줄 어드는 속도가 느렸고 2018년에 이르러서야 105 내외로 접어들 었습니다. 도대체 무슨 일이 있었던 것일까요?

여러분은 남자와 여자가 동등하다고 생각하지요? 나중에 자 녀를 원할 때 '딸은 안 돼!'라고 생각하지는 않을 것입니다. 하지만 과거에는 그러지 않았습니다. 수백 년 전 농경 사회 시절의 이야 기가 아니라 1990년대까지도 '남자'는 가문을 잇고 가족을 부양 하는 더 중요한 존재로 여겨졌습니다. 첫째가 딸이면 아들을 기대 하며 둘째를 낳습니다. 하지만 둘째도 딸이면 다시 셋째, 그래도 안 되면 넷째를 낳았죠. 어른들 중에 누나가 네 명이고 막내가 아 들인 집안은 있어도 반대로 아들이 네 명이고 막내가 딸인 가정은 극히 드문 이유입니다.

문제는 1980년대에 태아의 성별을 감별하는 초음파 시술이 등장한 다음부터입니다. 일반적으로 과학의 발전은 인류에게 혜 택을 주지만 문화 속에 편견이 가득한 곳에서는 기술이 차별을 강 화시키기도 하죠. 부모들은 생계의 부담을 줄이고자 배 속의 아이 가 딸일 경우 낙태를 고민하고 결단을 내립니다. 예전에는 그래도 일단 태어는 나고, 살면서 여자라고 무시당했는데 1980~1990년대에는 태어나지도 못하는 여자가 엄청 많았습니다.

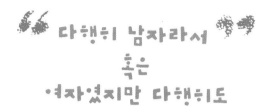

아울러 우리나라가 1960년대부터 1990년대 중반까지 인구 억제 정책을 펼친 것도 성비 불균형을 초래한 원인입니다. 지금은 출산을 많이 할수록 혜택을 보지만 그러지 않았던 시절도 있었거든요. 그러니 부모는 아들도 아닌데 손해를 감수하면서 셋째, 넷째 아이를 출산할 엄두를 내지 못했습니다. 역대 최고의 성비 차이를 기록한 1990년에는 '백말띠 해에 태어난 여자아이는 성질이 사납다'는 해괴한 미신마저 퍼져 사람들의 판단력이 흐려지기도 했습니다.

'다행히 남자라서' 혹은 '여자였지만 다행히도' 울음을 터트릴 수 있었던 시절이 불과 얼마 전입니다. 여러분은 '운 좋게도' 2000년대 이후에 태어나서 다행이지, 그보다 10년 빠르게 셋째나 넷째로 태어날 '딸'이었다면 자칫 편견의 희생양이 될 수도 있었겠지요.

특히 여러분의 어머니가 태어난 시기는 남아 선호 사상이 만연할 때였으니, 그 어머니와 자녀의 만남이 언젠가는 이루어질 자연의 이치마냥 평범하게 해석될 수 있을까요? 만약 어머니가 영남 지방에서 셋째나 넷째 자녀로 태어났다면 정말로 희소한 경우일 것입니다. 저나 여러분이나 '운이 나빴다면', 이 글을 통해 만날 일도 없지 않았을까요?

드라마에서는 만삭인 여성이 급히 병원으로 가는 장면이 종종 등장합니다. 남편이 헐레벌떡 뛰어오며 걱정스러운 표정을 짓지만 보통은 산모도 아이도 건강하다는 소식에 기뻐 어쩔 줄 모릅니다. 한국처럼 의료 수준이 높은 나라에서 여성이 출산 과정에서 사망하는 경우는 드물기에 놀랄 일은 아니죠.

모성 사망률이란 임신과 출산 과정에서 발생하는 관련 질병 및 사고로 인하여 여성이 사망한 경우를 태어난 아이 10만 명당 기준으로 표현한 수치입니다. 보건 의료 수준에 따라 나라별 차이는 선명하겠죠? 아프리카 대륙보다 유럽 대륙의 모성 사망률이 낮고 북한은 우리나라보다 8배나 높습니다(2017년 기준). 한국은 15명 내외였다가 2010년대 이후에는 10명 안팎 정도를 유지하고 있습니다. 경제 선진국만이 가입하는 경제협력개발기구(OECD) 국가들 평균에 비하면 약간 높지만, 세계적으로는 상당히 준수한 편입니다. 쉽게 말해, 요즘 세상에 한국에서 여성이 '애 낳다가' 죽을 확률은 매우 낮다는 말이지요.

하지만 한국에서도 지역에 따라 얘기가 달라집니다. 전국 모성 사망률이 11.5명이었던 2013년, 강원도 지역은 서울(5.9)의 4.6배인 27.3이라는 높은 수치를 기록합니다. 같은 나라 안에서 이런 극단적인 차이가 발생하는 이유는 의료 기관의 지역별 차이 때문입니다. 우리나라 병원의 절반은 수도권에 있습니다. 수도권에 인구의 절반이 사니까 별 이상이 없는 것 같지만, 국토 면적의 11.8

퍼센트의 지역에 병원 50퍼센트가 있으니까 문제입니다. 서울을 벗어날수록, 도시가 아닌 시골에 거주할수록 병을 제때 치료받을 확률이 낮아지죠. 산모가 응급 시 분만이 가능한 병원에 도착하는 시간이 서울은 3분에 불과하지만 전라남도는 이보다 14배가 긴 42분이 넘게 걸립니다(2015년 기준).

시골에 살면 애 낳다가 죽을 수도 있다!

병원에 도착했다 하더라도 출산 과정에서의 위험을 예방하고 해결하는 수준 차이도 심각합니다. 산부인과 의사가 아닌 응급 의학이나 다른 분야 전문의가 필요한 상황일 때 시골에서는 난감합니다. 수십 킬로를 이동해서 병원을 찾아가도 의사가 없는 경우가 많습니다. '피할 수 있었던 사망률'은 응급 상황에서 적절한 치료를 받지 못해 사망한 경우를 수치로 계산한 것인데요. 종합 병원이 많은 서울 강남구는 29.6명인데 경북 영양군은 무려 107.8명입니다(2015년 기준). 여러분이 어디에서 태어나는지에 따라 어머니의 생명은 물론이고 본인의 목숨도 위태로울 수 있는 것이지요.

이러한 일이 발생하는 원인은 우리나라가 국토 균형 발전에 실패했기 때문입니다. '서울 공화국'이라는 말이 사전에 있을 정도로 모든 것이 서울과 수도권에 집중되어 있습니다. 서울에서 학교 다니고 직장을 다니는 게 가장 좋은 것이라는 인식이 널리 퍼져 있죠. 실제로 회사도 많고 의료 기관은 물론 문화 시설도 많습니다. 예를 들어, 커피 전문점 '스타벅스'는 전국 1354개 점포 중 831개(61퍼센트)가 수도권에 있습니다. 살기에 편리한 곳이 시골보다 도시, 도시 중에서도 수도권, 그중 서울이 최고라는 뜻입니다. 그러니 지방 청소년들은 살면서 경험한 불편함 때문에 성인이 되어 고향을 떠나려고 합니다. 원래도 없던 인구가 더 줄어들게 되니 상황은 더 악화되죠. 그래서 지방에서 의사를 채용하려고 해도 지원자가 부족합니다. 의사 입장에서는 큰 병원에서 다양한 수술을 많이 접하고 여러 전문가와 협진하면서 본인 실력이 늘기를 원하기 때문입니다.

나라마다 도시와 시골의 차이가 있지만 우리나라는 정도가 심합니다. 대한민국 헌법 122조와 123조에 따라 국가는 국토의 효율적이고 균형 있는 개발을 위해 노력할 의무가 있습니다. 최근 공공 의료 시설을 지방에 집중적으로 만들겠다는 정부 정책이 등장한 것은 늦었지만 환영할 일입니다. 병원을 단순히 영리를 추구하는 기업으로만 인식한다면, 아이가 태어나면서 어머니를 자칫 위험에 빠트리는 아찔한 상황은 사라지지 않겠지요?

3

폭력도 훈육이 될 수 있을까?

공공장소에서 소란스러운 아이를 보고 이렇게 말하는 어른들이 있습니다. "요즘 애들은 부모에게 매도 안 맞고 오냐오냐 커서 예의가 없다." 선생님들도 체벌이 금지되어서 학생들의 인성이 나빠졌다, 학교 폭력이 심해졌다는 식으로 비슷한 아쉬움을 표현하죠. 고통을 동반하는 구체적인 징계가 있어야만 아이가 제대로 성장한다는 것인데, 과연 그럴까요?

뉴스에는 종종 아동 학대를 저질러 경찰에 체포되는 어른들이 등장합니다. 부모나 보육 교사가 대부분인데, 이들이 한 행동은 혀를 내두를 정도지요. 말을 안 듣는다고 아이를 발가벗겨 욕실에 가둬 두기도 하고 밥을 늦게 먹는다고 머리채를 잡고 흔들기까지 합니다. 그런데 기자들이 왜 그렇게 잔인했냐고 물으면 대답이 이렇습니다. "훈육이라 생각했습니다."

누가 봐도 명백한 폭력을 어떤 사람은 훈육이라 생각하기에, 아동에게 가해지는 모든 물리적 처벌은 금지되어야 합니다. 대부분의 사람들이 자신은 이성적이라 절대 선을 넘지 않을 자신이 있다고 하지만, 모든 이가 이성적이지 않기에 '훈육의 차원에서 적당한 체벌은 필요하다'는 식의 생각을 가져서는 안 됩니다. 감정을 주체할 수 없는 어른, 양육에 지친 부모, 스트레스를 받은 교사는 순간적으로 학대와 훈육의 경계선을 구분하지 못할 수 있습니다. 아무리 매 한 대라도 누가 어떤 경우에, 어떤 식으로, 어떤 강도로, 어떤 말을 하면서 때리는지에 따라 맞는 사람의 기분은 천지 차이죠. 그래서 '어떤 경우라도 매는 안 된다'는 접근이 아동 학대를 예방하는 데 굉장히 중요합니다.

사랑의 매는 없다!

체벌의 긍정적 효과는 검증된 적 없습니다. 영국에서 체벌 경험을 어떻게 느꼈는지 조사한 적이 있는데, 아이들은 뉘우침, 반성이 아니라 상처, 창피, 무시, 공포 등 부정적인 단어로만 상황을 떠올렸습니다. 이쯤이면 사랑의 매는 온전히 때리는 사람의 입장에서 표현된 자기변명 아닐까요? 미국에서는 50년간 16만 명을 분석하여, 체벌을 당한 아이가 어른이 되어서 훨씬 공격적 성향이 강하다는 것을 입증한 바 있습니다. 이런 자료들이 있음에도, 사람들 중에는 자신이 '때론 매를 드시는' 부모님과 선생님의 엄격한 교육 덕분에 잘 성장했다고 믿는 경우가 많습니다. 착각임을 일깨워 주는 유명한 말이 있으니 평생 기억하셨으면 합니다. '내가 체벌 때문에 바르게 큰 게 아니라, 체벌을 당했음에도 불구하고 괜찮은 사람인 것을 다행이라 생각하자.'(김희경, 『이상한 정상가족』, 동아시아, 36p)

아동 학대를 걱정하여 이웃이 문을 두드려도 '남의 집 일에 간섭하지 마라', '내 아이는 내 방식대로 키운다'면서 도리어 화를 내는 부모들이 있습니다. 단지 이상한 사람으로 취급할 수도 있지만, 원인을 찾아야겠지요. 한국 사람들은 부모에게 자녀 문제의 책임을 지나치게 묻는 경향이 있습니다. 아이의 작은 실수 하나에도 부모가 욕을 먹죠. 그러면 부모는 일상에서 자녀를 항상 통제해야 한다는 강박을 지니게 되며 이 그릇된 인식은 사실상 자녀를 지배하는 실수로 이어집니다. 그 결과, 아동 학대의 80퍼센트 이상이 가정에서 부모에 의해 이루어집니다. 이 책임을 나쁜 부모에게만 돌린다면 폭력은 어디서나 재발됩니다. 아이를 강하게 통제해도 된다는 식의 주장이 어떤 최악의 결과로 이어질 수 있는지를 함께 고민해야 함이 마땅합니다.

우리나라의 민법 제915조는 '징계권'입니다. 부모가 자녀를 교양하기 위해 필요한 징계를 할 수 있다고 법이 허락하고 있습니다. 굉장히 모호하죠? 무엇이 교양의 범위인지, 어디까지가 필요한 징계인지 명확한 기준이 없습니다. 그래서 이 조항을 삭제하자는 움직임이 최근 등장하고 있습니다. 징계권 삭제는 부모나 어른이 '폭력을 행사할 빌미'를 원천 제거하자는 뜻이지 아이를 방치하자는 뜻도, 아이가 잘못을 해도 괜찮다는 뜻도 아닙니다. 자녀 교육을 '때리지 않고' 고민하자는 것이지요. 참고로 한국의 아동학대 사망률은 1.16명(인구 10만 명 당)이지만 체벌을 법으로 금지한 나라는 이 수치가 0.5명입니다.

4

냉장고만 같이 써도 가족이라고?

'학부모'라는 말을 쓰지 말자는 주장을 들어 보셨나요? 학생의 아버지, 어머니라는 뜻으로 가정 통신문에 흔히 등장하고 선생님들도 자주 사용하시니 별 문제없어 보이죠. 하지만 이 표현에는 가족에 대한 고정 관념이 있습니다. 모든 청소년이 '부모'로부터 보호받는 것이 아니기에, 누구도 상처받지 않기 위해서는 '보호자'라는 표현이 적합하지 않을까요?

여러분도 유치원이나 어린이집에서 재롱 잔치를 하셨나요? 집으로 온 초대장에서 혹시 이런 글귀를 발견하셨는지 모르겠네요. '부모님 닮은 예쁜 자녀들이 열심히 준비했습니다. 꼭 엄마, 아빠 모두 참석하셔서 기쁘게 박수를 쳐 주세요. 가장 많이 참석한 가족에게는 응원상도 있답니다!'

평범한 문장이지만 누구에게는 평범하지 않습니다. 모든 자녀가 부모와 닮을 리가 없습니다. 입양 가정, 재혼 가정은 서로 닮지 않은 사람들이 가족이 되어 살아갑니다. 모든 자녀에게 부모가 있을 리도 없습니다. 대한민국의 2천 50만 가구 중 153만 가구(7.5퍼센트)가 '한부모 가정'입니다(2018년 기준). 또 할아버지나 할머니와 사는 조손 가정도 15만 가구나 되는데(2015년 기준) 2035년에는 32만 가구에 이를 전망입니다. 그러니 '엄마, 아빠와 함께'라는 말 한마디가 누구에게는 상처가 됩니다. 할아버지, 할머니부터 삼촌, 이모까지 전부 출동하여 현수막을 흔들며 환호하는 가족들의 모습이 누구에게는 행복일지 몰라도 누구에게는 눈물을 참아야 하는 순간일지 모르니까요.

66 '엄마, 아빠와 함께'라는 말이 99 너무 아플 수 있어

발표하는 내용도 시대착오적입니다. 남자와 여자에 따라 색깔과 형태가 확연히 구분되는 옷을 입고 동작들도 성별에 따라 완전히 다릅니다. 남자는 박력 있게, 여자는 섬세하게 움직이죠. 남자라고 다 활동적인 것도 아니고 여자라고 다 얌전한 것도 아닌데 유치원에서는 태어날 때부터 남녀의 성격은 정해진 것처럼 생각하나 봅니다. 전통 혼례 복장을 하고 신랑 신부가 되어 '첫날밤' 공연을 하는 건 수십 년간 그대로입니다. 남녀가 짝이 되어 '어여쁜 각시를 보았소? 보았지. 잘했군, 잘했어'라고 흥얼거리는 걸 그저 귀여운 아이들의 애교로 넘어가면 그만일까요?

결혼은 의무가 아니라 선택입니다. 인류의 역사가 남녀의 만남을 통해 후손이 생겨나는 과정이라 할지라도 결혼은 인간이 만든 제도일 뿐이며 누구나 거치는 자연스러운 생애 과정과는 무관합니다. 정상과 비정상의 문제는 더더욱 아니지요. 하지만 어릴 때부터 결혼에 대한 고정 관념을 가지면, 남편 역할을 하는 남자와 아내 역할을 하는 여자의 모습으로만 '커플' 이미지를 기억하게 되고 일상에서 남자 친구, 여자 친구라는 표현을 빈번히 사용하게 됩니다. 이성 간의 만남과 사랑 그리고 결혼을 마치 신이 허락한 자연의 질서처럼 이해하면 같은 성별(동성) 간의 사랑이나 결혼을 원하는 이들을 혐오할 가능성이 매우 높아집니다.(네덜란드, 독일, 프랑스, 미국, 캐나다, 대만 등 세계 30여 개 나라에서 동성 결혼은 합법입니다.)

'정상 가족 이데올로기'라고 들어보셨나요? 가족을 결혼한 남자, 여자 그리고 그 사이에서 태어난 자녀가 있는 경우만으로 편협하게 이해하는 것입니다. 하지만 실제 가족의 모습은 너무나 다양합니다. 초등학교 교과서에서는 단순히 가족 수에 따라 대가족, 핵가족, 독신 가족 등으로 이 형태를 구분하지만 실제는 한부모 가정, 조손 가정, 입양 가정, 동거 가정, 동성 부부 혹은 동성 커플 가정 등 기존의 정상 가족 이미지와는 다른 모습들입니다. 지금까지, 혹은 여전히 차별받는 집단이지요.

인류는 단 한 번도 '모든' 가정이 정상 가족의 형태였던 적이 없습니다. 특히 오늘날에는 정상 가족이라는 말 자체가 의미가 없습니다. 대한민국의 가구 중 결혼한 부부와 자녀로 구성된 가정은 29.6퍼센트에 불과합니다(2019년 기준). 핀란드에는 '냉장고를 같이 쓰면 그게 가족'이라는 말이 있습니다. 이런 생각이 있어야지만 정부가 정책을 만들 때 소외받는 사람을 최소화할 수 있기 때문입니다. 유치원 재롱 잔치에서처럼 가족을 '결혼한 남녀'나 '자녀는 부부가 직접 낳은 경우' 등의 좁은 개념으로 접근을 하면 아파하는 사람들의 수는 줄지 않을 것입니다.

5

다섯 살 때
한글을 모르면
부끄러운
일일까?

서울시 교육청에서는 초등 1학년 교육은 학교에서 책임지겠으니 입학 전에 한글이나 숫자를 미리 공부하지 않아도 된다는 내용의 광고를 만들었습니다. 그만큼 대다수의 아이들은 학교에 입학도 하기 전에 온갖 사교육에 시달리고 있다는 뜻입니다. 대한민국의 조기 교육 열풍, 과연 괜찮을까요?

영화 〈기생충〉이 아카데미상을 수상하면서 봉준호 감독의 통역사 샤론 최(한국명 최성재)도 주목을 받았습니다. 나이도 이십 대에 불과했고 전문 통역사가 아니었음에도 한글과 영어의 차이를 잘 이해하여 정확한 뜻으로 통역을 했기 때문입니다. 영화감독 지망생이라는 것이 알려지자 외국에서는 앞으로 기대된다, 작품이 궁금하다는 관심이 등장했죠.

그런데 한국에서는 발음이 완벽해서 교포인 줄 알았는데 '아닌 게' 화제가 됩니다. 어떻게 영어를 잘하게 되었는지를 사람들이 궁금히 여기자 언론에서는 그녀가 어릴 때 대치동 TOP 3라 불리는 영어 유치원을 다녔고 ○○ 외고 출신이라는 점을 보도하는 지경에 이릅니다. 이후 해당 유치원 입학 문의가 빗발친 것은 물론이고 초등학교 때 영어 회화를 완벽하게 책임진다는 학원들이 문전성시를 이루었다고 하네요.

일부 사람들의 극성일까요? 네 살, 다섯 살이 다닐 수 있는 영어 학원을 추천해 달라는 글을 인터넷에서 찾는 건 어렵지 않습니다. 화제가 되었던 드라마 〈SKY 캐슬〉 속에서 명문대 합격을 위해 수단과 방법을 가리지 않았던 부유층의 모습은 극소수의 일탈이 아닙니다. 대한민국 어디를 가더라도 초등학교 입학식 때 풍경은 비슷합니다. 동네에 있는 모든 학원들과 온갖 학습지 관계자들이 교문 앞에서 광고지와 선물을 주며 홍보에 열을 올리지요. 별 관심 없어 하는 사람에게는 이렇게 말합니다. "아직도 영어를 시작 안 했으면 이미 늦었어요. 다른 집에선 네 살부터 영어를 시작하는데, 아이가 너무 뒤처지지 않을까요?"

입학해서 한글을 배우면 된다는 교육청의 광고는 백번 옳은 내용이지만 현실은 정반대입니다. 조기 교육은 아이들의 발달 단계와 맞지 않다는 전문가의 경고가 있든 말든 대부분이 입학 전에 한글을 배웁니다. 그런데 모두가 한글을 떼니 별 경쟁력이 없습니다. 돋보이려면 예체능은 물론이고 수학, 한자마저 해야 합니다. 영어는 학습지 정도를 하는 수준이 아니라 아예 전문 유치원을 다녀야지 경쟁에서 확실하게 앞서 나갈 수 있습니다. 영어 유치원 교육비는 한 달에 100만 원 이상입니다. 학구열 높은 곳에선 200만 원도 넘습니다. 이런 곳이 전국에 2017년에는 474개였는데 2019년에는 558개로 증가했습니다. 심지어 영어 유치원 레벨 테스트에 통과하기 위해 별도의 사교육을 받는 경우도 있죠. 부자와 그렇지 않은 자의 간격이 벌어질 수밖에 없습니다.

어린 시절 상처는 오래 남아

계층에 따라 배움의 양극화가 심해지면 어떤 문제가 발생할까요? 가장 심각한 것은 상처받는 아이들이 늘어난다는 것입니다. 자본주의 사회에서는 모두가 똑같이 소유할 수는 없기에 누구나 부자가 부럽습니다. 하지만 어른이 괴로워하는 것과 다섯 살 아이가 '나는 부자가 아니라서 아무것도 할 수 없어'라면서 자신을 비관하는 것은 완전히 다른 얘기입니다. 남과 비교하지 않고 스스로 행복하게 살아가는 건 어른도 쉽지 않습니다. 아이는 마음이 훨씬 여립니다. 그렇기에 상처는 몸에 깊게 새겨져 오랫동안 자신을 괴롭힙니다.

옛날의 예닐곱 살은 "쟤는 자전거를 못 타", "너는 왜 제기차기도 못하니?" 정도로 서로를 놀렸습니다. 하지만 지금은 다섯 살이 한글을 몰라서 부끄러워하고 여섯 살이 영어를 못해 수치심을 느낍니다. 경쟁은 사회를 움직이게 하는 동력이지만, 그 시기가 지나치게 빨라지면 차별받는 사람들의 평균 연령도 낮아집니다. 세상 어디를 가더라도 공부를 잘하면 직장 선택의 범위가 넓어지고 그래서 소득도 높아지겠지만, 한국처럼 '초등학교 4학년이면 중학교 공부를 시작해야 한다'라는 말이 떠돌지는 않습니다.

"나는 차별받은 적이 없다!"라고 말하지 않는다

"나는 차별받은 적이 없는데?" 친구에게 차별에 대해서 이야기하면, 이렇게 차갑게 대답하는 경우가 있을 것입니다. 차별이 좀처럼 사라지지 않는 이유는, 많은 사람들이 고정 관념을 의심하지 않고 차별에 잘 적응하며 살기 때문입니다. 남자와 여자는 태어날 때부터 모든 게 다르다고 생각하면, 학생은 어른 말씀을 무조건 들어야 한다고 여기면, 가난하니까 돈이 들어가는 걸 포기해야 하는 건 당연하지라고 다짐하면 아무리 차별이 존재해도 문제 될 것이 없겠지요. 명심하세요. 원래 그런 것은 없다는 것을. 인생은 어쩔 수 없는 게 아니라는 것을.

2장

얼떨결에
차별받거나
차별하는
어린 시절

6

스쿨존에서 규정을 지키지 않으면?

국회 의원 앞에 무릎을 꿇은 사람들이 제발 법안을 통과시켜 달라고 애원합니다. 이들은 교통사고로 아이를 잃은 어머니들이었죠. 운전자의 부주의로 안타까운 일을 겪은 이들은 자신의 아이 이름을 딴 ○○○법으로 도로 교통법 개정을 요구했습니다. 개정되는 내용은 강력한 조치로 더 조심하도록 하자는 상식적인 내용인데, 이들은 어쩌다가 무릎까지 꿇어야 했을까요?

어린이는 집 밖에 나오는 순간 약자입니다. 언제나 차별에 노출되어 있다는 말이지요. 누가 욕하고 때린다는 말이 아니라, 교통사고의 위험이 더 높다는 말입니다. 어린이는 어른처럼 여러 경우의 수를 동시에 계산하면서 길을 걷지 않습니다. 골목에서, 교차로에서 갑자기 차가 튀어나올 수 있다는 것을 예측할 수 있는 건 오랜 경험에 의해서 가능합니다. 나이가 들어감에 따라 자연스레 몸에 익혀지는 것이지요. 어른은 횡단보도를 건너면서도 음주 운전 차량이 갑자기 돌진할 수 있다고 의심하고 몸을 조심할 수 있지만 어린이는 그렇지 않습니다.

어린이의 잘못은 아니겠지요? 그렇기에 운전자가 더 조심해야 합니다. 차와 사람이 부딪히면 무조건 사람이 다치거나 죽기에 운전자는 언제나 전방을 주시하고 사고를 예방해야 하는 의무가 있습니다. 차에 부딪히는 사람이 어린이라면 같은 사고일지라도 인명 피해로 이어질 가능성이 높기에 더 주의해야 하는 것이죠. 차를 운전하는 사람의 사정이 무엇이든 어린이 보행을 보호하는 것만큼 중요한 것은 아니니까요.

　여러 나라에서 어린이를 보호하기 위해 강력한 정책을 펼칩니다. 스웨덴에서는 학교 근처만이 아니라 아이들이 활동하는 공간에 차량 통행을 완전히 금지하는 '홈존'이 있습니다. 미국에서는 스쿨존에서 교통 법규를 위반하면 2배의 벌금 및 벌칙을 부과합니다. 그리고 노란색 스쿨버스가 'STOP' 표지판을 펼치면 주변 차량이 모두 정지해야 합니다. 뒤따라오는 차량이 추월도 할 수 없고 심지어 반대편 차량도 이동할 수 없습니다. 아예 스쿨버스에 단속 카메라를 달아 법을 준수할 수밖에 없도록 만들었습니다. 일본과 네덜란드에서는 주차를 정해진 곳 외에는 할 수 없습니다. 불법 주차로 인해 운전자의 시야 확보가 어려우면 갑자기 튀어나오는 어린이가 위험에 처하기 때문입니다.

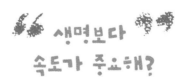

생명보다 속도가 중요해?

　단 한 명의 어린이라도 다치지 않게 하기 위해 운전자들이 겪는 불편함은 차별이 아닙니다. 다른 경우보다 강력한 처벌을 받는 것이 형평성에 어긋난 것도 아닙니다. 그건 모두가 요구해야 하는 것이며 정치인은 이를 법으로 잘 만들 의무가 있습니다. 하지만 국회를 찾은 어머니들이 무릎을 꿇어야 할 정도로 우리나라는 도로에서 어린이의 안전을 지켜 주는 게 쉽지 않습니다. 그 이유는 법안 몇 개가 통과되면서 일어난 논란에서 찾을 수 있습니다.

　다 함께 위로와 격려를 해도 모자랄 판국에 '감성팔이 떼법'이라고 비난하는 사람이 있었던 것이지요. 이들은 '아이가 갑자기 튀어나오면 어떻게 하느냐', '그럼 차는 기어 다녀야 하느냐'라면서 아이를 방치한 부모에게는 왜 책임을 묻지 않느냐고 합니다. 아이의 돌발 행동은 발달 단계상 지극히 정상적인 행동입니다. 부모가 아무리 신경을 쓰더라도 100퍼센트로 완벽하게 돌보는 것은 불가능하기에, 다른 사람들도 아이의 행동을 이해하려고 노력하는 것이 공동체의 옳은 모습입니다. 즉, 차가 기어가더라도 아이를 보호해야 하는 것이지요.

　우리나라에서는 1995년부터 스쿨존을 운영했지만 해당 구역 어린이 교통사고가 1년 평균 500여 건이 발생할 정도로 제도는 있으나 마나였죠. 규정이 허술하고 처벌도 미약했기 때문입니다. 결국 많은 어린이들이 희생을 치르고서야 개선하자는 목소리가 등장했습니다. 그런데 이를 반대하는 목소리가 크다는 건, 어린이를 함께 보호해야 한다는 가치를 자신은 알 바 아니라면서 무시하는 사람들이 대한민국에 꽤나 많음을 뜻합니다. 사람 살리고자 속도를 줄이자는데 '차'를 걱정하는 세상에서 어린이의 생명은 언제나 위협받을 것입니다.

7

내가 동물을 차별했다고?

〈어서 와~ 한국은 처음이지?〉라는 방송의 한 장면입니다. 스웨덴에서 온 출연자들이 동물 카페를 방문합니다. 그곳에서는 라쿤, 미어캣이 자유자재로 돌아다녔습니다. 동물원에서나 볼 수 있는 야생 동물이 사람 무릎 위에 있는 광경에 모두가 놀라워하며 자신들의 나라에서는 상상할 수 없는 일이라고 말합니다. 과연 좋은 뜻이었을까요?

웹툰이자 영화 〈해치지 않아〉는 망해 가는 동물원을 살리기 위한 직원들의 고군분투기를 담고 있습니다. 동물들이 다 팔려 나가자 직원들은 자신들이 북극곰, 사자, 고릴라, 나무늘보 등의 탈을 씁니다. 그런데 파리만 날리던 동물원에 놀랄 일이 생깁니다. 북극곰 탈을 쓴 직원이 몰래 콜라를 마시는 장면이 찍히면서 인터넷에서 화제가 되었던 것이지요. 사람들이 몰려들자, 북극곰은 더 많은 콜라를 마시고 고릴라는 킹콩처럼 가슴을 두드리며 괴성을 지르는 지경에 이릅니다.

이 에피소드는 동물원의 한계를 잘 보여 줍니다. 관람객들은 야생 그대로의 동물 모습을 따분해합니다. 동물원에 쇼와 이벤트가 많은 이유입니다. 돌고래가 재주를 부리고 물개가 농구도 하고 사육사가 뱀을 목에 감싸고 있습니다. 거북이 등에 아이가 올라타기도 하죠. 줄에 묶여 날개를 늘어트린 독수리, 보신 적 있으시죠?

사람들이 즐거울수록 동물들은 이상 행동을 합니다. 같은 행동을 무한 반복하거나 갑자기 공격적으로 돌변하죠. 생태 친화적 동물원이 대안이라지만 한계가 있습니다. 어떻게 하더라도 동물을 제한된 공간에 풀어놓는 것에 불과하기 때문입니다. 정말 동물을 위한다면 원래의 서식지를 파괴하지 않는 것이 가장 효과가 클 것입니다.

동물 복지, 동물권 등의 용어에 익숙한 나라에서는 도심에서 동물을 상업적으로 전시할 수 없습니다. 사람과의 접촉으로 발생할 질병도 걱정이지만 여러 종을 좁은 공간에 함께 있게 하는 것이 굉장히 위험하기 때문입니다. 하지만 한국에서 돈의 논리는 강합니다. 돈 주고 보는 사람이 있는데 무엇이 문제냐고 합니다.

동물은 사람을 즐겁게 해야 한다고?

강원도 화천군의 산천어 축제에 대한 논란도 비슷합니다. 동물 입장에서 보면 문제가 많습니다. 원래 살던 산천어가 아니라, 양식장에서 80만 마리를 공수하여 행사를 진행합니다. 물고기가 얼음 밑의 좁은 공간에 갇히니 산소 부족으로 죽는 경우가 많습니다. 또 미끼에 잘 달려들게 하기 위해 며칠간 굶기기도 하지요. 사람은 기쁘고 물고기는 아픈 것이지요. 그래서 환경부 장관이 "동물 생명을 담보로 하는 놀이이기에 바람직하지 않다."라고 말하기까지 했습니다.

이에 화천군에 거주하는 유명 소설가가 "그럼 자갈 구워 먹는 방법을 알려 달라."면서 반론을 제기합니다. 낙후된 지역 경제를 살리는 게 더 중요하다는 것이지요. 바로 이 지점이 동물을 바라보는 인간의 일방적 태도를 정당화시킵니다. 송어, 빙어 축제 등 동물이 소재가 되는 여러 이벤트들은 여러 논란에도 지역 경제를 살린다는 이유로 진행됩니다. 처음에는 특산물을 홍보하는 수준이었던 지역 축제가 이제는 도시 사람들을 유혹하기 위해 동물들이 동원되는 지경에 이른 것이지요. 도심에 우후죽순 생긴 동물 카페도 마찬가지입니다. 자영업자들끼리의 경쟁이 심화되니 더 자극적으로 소비자를 유혹해야만 합니다.

누구는 돼지, 소, 닭의 사육 환경도 엉망인데 왜 축제를 방해하느냐고 따집니다. 하지만 돼지를 죽이는 축제, 닭을 많이 잡는 사람에게 상을 주는 게임은 하지 않습니다. 왜냐하면 현대 사회는 인간이 동물을 어떻게 다루어야 하는지에 대해 과거와는 다른 접근을 하기 때문입니다. 그래서 투계(닭싸움), 투견(개싸움), 투우(소싸움)도 세계 곳곳에서 금지되는 추세입니다. 오래전부터 있었던 문화라고 볼 수도 있겠으나 상업적으로 변모하면서 개나 소, 닭을 더 힘세고 공격적으로 만들려는 인간의 욕심이 고스란히 동물 학대로 이어졌기 때문입니다. 이제는 '과거에도 그랬다'는 논리를 거부하고 동물이 사람에게 언제까지 오락과 유흥의 도구여야만 하는지를 고민해야 합니다.

8

쇼핑몰이 많아지면 모두가 좋다고?

'몰세권'이란 말을 들어 보셨나요? '몰'은 쇼핑'몰(mall)'을 뜻합니다. 기차역이나 지하철역 근처를 '역세권'이라고 하듯이, 쇼핑몰이나 대형 마트 주변을 몰세권이라 해요. 집이 몰세권이라면 사는 게 편리하고 추후 부동산 가치가 상승할 수 있음을 뜻하지요. 그렇다면 대한민국 곳곳에 이런 시설들이 생기면 모두가 행복해질까요?

사는 곳 근처에 대형 쇼핑몰이 생기면 어른들은 '지역이 발전하겠다'라고 말합니다. 놀러 온 사람들은 '이 동네에 살기 좋겠다'면서 부러워하죠. 대부분이 긍정적인 표현입니다. 실제 가 보면 한 공간에서 영화도 보고 책도 구경하고 밥도 먹고 쇼핑도 할 수 있기에 참으로 편리하다고 누구나 느낄 수 있죠. 심지어 수영장이나 아쿠아리움도 있습니다. 가족 모두가 즐기기에 이만한 곳은 없는 것 같습니다.

쇼핑몰이 많아질수록 세상은 편리해지고 좋아질 것만 같은데 이를 결사반대하는 사람들이 있습니다. 거리에서 '지역 상권 파괴하는 쇼핑몰 입점 반대한다!'라고 적힌 현수막을 보신 적 있으시죠? '골목 상권 사수!'라고 적힌 띠를 두른 사람들의 시위도 종종 뉴스에 등장합니다. 이들은 소상공인들입니다. 전통 시장이나 동네 군데군데에서 작은 규모로 사업이나 장사를 하는 자영업자들이지요.

이들 입장에서는 매출 감소가 불 보듯 뻔하니 반대하는 건 당연합니다. '장 보러 간다'라는 말이 대형 마트에 간다는 뜻이 된 세상에서 극장에 서점까지 있는 쇼핑몰이라면 누구도 시장이나 동네 상점에서 돈을 쓰지 않을 것입니다. 대기업의 매출이 늘어날수록 평범히 살던 영세업자들의 생계가 위협을 받게 되니 항의를 할수밖에 없죠. 대형 마트는 의무적으로 한 달에 두 번 휴무해야 한다는 등의 규제는 이런 논란 속에서 만들어졌습니다.

상황은 나아졌을까요? 여러 조치가 있었지만 골목 상권은 살아나지 않았죠. 사람들은 이미 대형 마트나 쇼핑몰에 익숙해져서 더 이상 전통 시장을 찾지 않습니다. 식품 위생에 대한 걱정도 있고, 화장실이나 주차 시설도 잘 갖춰지지 않아 불편하기 때문입니다.

의무 휴무로 또 다른 서민이 피해를 보는 것도 문제입니다. 쇼핑몰 안에서 장사하는 사람들도 다 자영업자들입니다. 그래서 강제적으로 쉬는 만큼 경제적 손실을 입습니다. 마트에서는 근무일수 감소에 따라 직원 채용이 줄어듭니다. 서민을 보호하려는 정책이 또 다른 약자에게 피해를 입히는 난감한 상황이 되어 버린 것이지요.

우리는 어떤 질문을 던져야 할까요? 지금처럼 전국 어디를 가더라도 대형 마트가 있고 대형 쇼핑몰을 지역 특수처럼 여기는 현실에서 단순한 찬반 토론은 의미가 없습니다. 언급한 것처럼 반대를 해도 효과가 없습니다. 쇼핑몰 근처에 살던 사람이 전통 시장 옆으로 이사를 가도 소비 습관을 바꾸지 않습니다. 좀 더 차를 타고 가더라도 익숙한 곳으로 가는 것이지요.

사라져 가는 것에 대한 예의가 필요해

찬성 논리는 옳을까요? "전통 시장은 불편하다!"라는 말은 맞는 말이지만 자제해야 합니다. 왜냐하면 대기업이 엄청난 금액을 들여서 만든 건물은 편리할 수밖에 없습니다. 이 엄청난 차이를 간과하면 전통 시장은 시대 변화에 둔감했고 소상공인들은 변화를 두려워한 게으른 사람으로 비쳐지죠. 당연히 도태되어도 마땅한 것처럼 여겨지게 되겠죠? 쇼핑몰에 익숙해진 자신을 탓하며 '아쉽지만 어쩔 수 없다'라고 한다면 모를까, 대기업만이 할 수 있는 조건을 기준 삼아 영세한 상인들을 분석하는 건 공정하지 못한 평가 아닐까요?

우리가 가져야 할 자세는 '사라져 가는 것에 대한 예의'입니다. 몰세권이 많아질수록 세상에는 힘들어하는 사람이 많아집니다. 그들에게는 어떤 잘못도 없습니다. 높은 임대료 때문에 쇼핑몰에 입점할 엄두조차 내지 못했을 뿐입니다. 대형 마트처럼 물건을 대량 구매할 수 없기에 '1+1' 행사를 할 수 없을 뿐입니다. 시대의 변화를 막을 순 없는 상황이지만 평생을 성실하게 살아온 이들에게 누구도 '경쟁에서 졌으니 어쩔 수 없다'라고 말해서는 안 되는 이유입니다.

9

내가 좋아하는
유튜버가 차별을
일삼는다고
?

국회 앞에서 누군가가 1인 시위를 합니다. 팻말에는 'OOO 대표, 장애인 비하 발언 사과하라!'는 글이 적혀 있습니다. 한 정치인이 대통령을 비판하면서 "왜 다른 나라에게 벙어리처럼 가만있냐?"라고 했기 때문입니다. 차별에 예민해야 할 공인이 장애인을 비유 삼아 부정적인 뜻을 전했으니 상처받은 사람의 심정이 이해됩니다. 그런데 비단 그 정치인 한 명만의 문제일까요?

대중 매체에서 가장 많이 등장하는 차별적인 표현이 무엇일까요? '장애인먼저실천운동본부'의 조사에 따르면 1위가 '벙어리'입니다. '정신 지체', '맹인'이 뒤를 이었죠. '정상인'도 높은 순위였는데 왜일까요? 장애인의 반대말은 정상인이 아니라 '비장애인'입니다. 정상과 비정상이라는 표현으로 사람을 구분하는 자체가 편견을 조장하기 때문이지요.

일상 속으로 들어가면 차별적인 표현이 훨씬 많습니다. '애꾸눈', '외눈박이'라는 표현을 망설이면서 사용하는 사람은 별로 없습니다. '눈 뜬 장님', '꿀 먹은 벙어리'라는 말을 쓰면 때론 표현력이 좋다는 평가를 받기도 합니다. "결정이 장애인 수준이다. 저능아 다 되었네."라면서 혼잣말로 중얼거리는 경우도 많죠. '병신'이란 표현은 너무 자주 등장하니 왜 문제인지 모르는 사람이 더 많습니다. 병신은 한자 뜻 그대로 신체에 이상이 있는 경우를 뜻하는데, 모자란 사람을 얕잡아 부르는 말로 사용됩니다. 즉, 사람의 특정한 몸 상태가 그 자체로 부정적인 의미로 사용되는 것이지요.

별 뜻 아니었다고 누군가에게 비수를 꽂아서야 될까요? 참조로 2018년도 기준 등록 장애인 숫자는 258만 명입니다.

표현의 자유를 보장하라고?

차별하면서도 차별인 줄 모르는 이유는 장애인을 만만하게 보아도 괜찮았기 때문입니다. '장애인 차별 금지법'이 시행된 것이 고작 2008년입니다. 그 전에는 식당에서 주인이 자기 마음이라면서 장애인을 내쫓아도 처벌조차 받지 않았죠. 문제는 여전히 차별과 혐오의 표현이 곳곳에서 들린다는 것입니다. 특히, '유튜브'로 대표되는 1인 미디어의 폭발적인 증가와 함께 빈번히 등장하고 있습니다.

1인 방송에는 좋은 콘텐츠도 많지만, 조회 수에 따라 영상을 올린 사람이 돈을 버는 구조이기 때문에 사람들의 관심을 끌고자 자극적인 내용이 종종 등장합니다. 게임 방송을 하면서 농담처럼 툭툭 내뱉는 차별 표현은 예사이고, '코로나19 바이러스'에 감염되었다면서 거짓 소동을 벌이는 경우라든가 지하철에서 라면을 끓여 먹는 등의 엽기 행위를 하기도 합니다. 그나마 내용 자체가 사회적 물의를 일으키는 경우라면 지탄하는 사람도 많고 강제적으로 삭제 조치를 당하기도 합니다. 하지만 자신의 전문 분야를 알려

주면서 마치 격려처럼 둔감한 비하 발언은 문제가 되지 않습니다.

예를 들어, '팔 굽혀 펴기 하는 법'이라고 검색하면 수백 개의 콘텐츠가 등장합니다. 조금만 지루하면 다른 영상을 클릭할 수 있으니 주목을 끌려면 자극적이어야 합니다. "남자가 이것도 못하면 여자 같다는 소리 들어요."라면서 동기 부여를 하는 식이죠. '공부 잘하는 법'을 설명하면서 "지잡대 나와서 비정규직으로 평생 살 생각이면 노세요."라는 식으로 혼내기도 합니다. 여성을, 대학생을, 지방을, 노동자를 비하하는 표현을 하면서도 대수롭지 않게 생각하는 이유는 일상에서도 그런 말들이 어떤 제재도 받지 않기 때문입니다. 그래서 차별과 혐오의 표현에 둔감한 것이죠.

사회가 좋아지기 위해서는 생각의 변화와 실천이 필요합니다. 우선, '표현의 자유가 있다'라는 말을 멋대로 오해해서는 안 됩니다. 표현의 자유는 차별과 혐오를 하기 위해서가 아니라 이에 맞서기 위해서 필요한 것입니다. 둘째, 문제가 되는 말들을 일상에서 일절 사용하지 말아야 합니다. 차별과 혐오의 단어를 작성해서 벽에 붙이고 매일 각오를 다지고 제대로 실천했는지 점검해야 합니다. 그렇지 않으면 계속 둔감하게 살아갈 것입니다. 이런 것까지 신경 쓰면 머리 아프다고요? 아니, 살 뺀다고 칼로리 계산하며 음식도 가려 먹으면서 사람을 아프게 하는 말 좀 하지 말자는 게 그토록 어려운 일인가요?

내가 어디에 사는지를 왜 물을까?

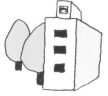

학교 복도의 벽면에는 학교 연혁을 소개하는 내용이 있습니다. 서울의 한 중학교에서 이런 문구를 보았습니다. "2000년대 이후 학교 주변에 유명 브랜드 아파트가 생기면서 낙후된 환경이 크게 정비되었다. 수준 높은 학생들이 오면서 전체 면학 분위기도 좋아졌다." 만약 그 아파트에 살지 않는 학생이 이를 본다면 기분이 좋았을까요?

학교를 다니기 위해, 직장을 다니기 위해, 또는 부모님의 부담을 줄이기 위해서라도 성인들은 독립을 하려고 합니다. 하지만 주거비가 만만치 않아 고시원이나 옥탑방 등 열악한 공간에서 살아가기도 하죠. 그래서 국가는 '청년 임대 주택'을 제공합니다. 선정이 된 사람들은 저렴한 금액으로 쾌적한 공간에 살 수 있으니 좋은 정책임은 두말하면 잔소리죠. 미래를 이끌 주역들이 따뜻한 보금자리를 갖는다는 건 궁극적으로 사회를 이롭게 하는 것이니까요.

하지만 임대 주택 건설을 반대하는 사람들이 많습니다. 특히 임대 주택이 들어설 지역의 주민들은 거칠게 시위를 합니다. 이유는 '집값' 때문입니다. 그런 시설이 주변의 가치를 하락시킨다는 말인데요, 도대체 '그런' 시설이란 어떤 것일까요? 이는 임대 아파트를 차별하는 사람들의 모습을 통해 알 수 있습니다.

￼국에서는 아파트 단지 내에 임대 아파트를 만들어 사회적, ￼기 다른 사람들이 어울려 살게끔 합니다. 이를 '소셜 믹

스(social mix)'라고 해요. 20개 동이 있으면 1~2개 동을 임대 아파트로 만들거나 한 동짜리 아파트라면 몇 개 층을 임대 거주자에게 배정하는 식입니다. 이런 방법을 사용하지 않으면 가난한 사람은 늘 외곽 지역에 살아야 합니다. 교통이 불편하고 학교는 멀고 학원은 없으니 불편이 크겠죠? 또 병원이나 문화 시설도 쉽게 이용하지 못합니다. 가난하다는 이유만으로 삶의 질이 떨어질 수 있으니, 국가는 한 명이라도 안정적으로 살 기회를 제공하는 것이지요.

사는 곳으로 사람을 평가한다고?

그런데 어떤 일이 벌어질까요? 임대 아파트 건물을 단지 안에서도 외진 곳으로 배정해 마치 고립된 섬처럼 보이게 하는 경우가 있습니다. 층수를 유독 낮게 하거나 외벽의 색깔을 다르게 칠해서 누가 보더라도 '알아볼 수 있게'도 하지요. 그러니 어떤 건물로 들어가는 것만으로도 사람의 경제적 수준이 적나라하게 드러나 버리는 것이지요. 심지어 아파트 구역을 분양 지역과 임대 지역으로 구분하여 철조망을 친 곳도 있습니다. 서로 만날 일을 원천 봉쇄하는 것이지요. 놀이터에서도 '임대 아파트 주민 사용 금지'라는 경고 문구를 박아 놓기도 합니다.

어디에 사는지를 보고 사람을 평가하는 건 매우 나쁜 행동입니다. 하지만 한국에서는 비일비재합니다. 청년 임대 주택을 반대한 사람들도 '그런 아파트에 올 사람이면 가난할 거 아니냐. 질이 좋지 않은 사람이 많아지면 동네 위험해지잖아'라는 논리를 펼칩니다. 한 아파트에서는 분리수거가 잘 되지 않자 '이러면 빌라에 사는 사람과 마찬가지 취급을 받는다'라는 내용의 종이가 벽에 붙었습니다.

『잠실동 사람들』이라는 소설에는 아파트에 사느냐, 빌라에 사느냐를 물어보며 학생들을 선발하는 학원 이야기가 나옵니다. 빌라 거주지에 사는 학생이 학원에 오면 고급 아파트에 사는 주민들이 '학원 수준이 낮다'고 생각하기에 애초에 받아 주질 않는 것이죠. 실제로도 이런 일은 비일비재합니다. 도입부에 언급된 것처럼 학교에서조차 주택이나 빌라는 낙후된 것, 고가의 아파트는 쾌적한 환경으로 보고 있으니까요. 초등학생들이 '빌거'라는 말을 사용한다고 사회 문제가 된 적도 있습니다. '빌거'는 빌라 사는 거지라는 뜻이죠.

사람들이 동네 이름만 듣고도 수군거리고, 아파트 이름만으로도 부러워한다면, 그 사회에는 상처받은 이들이 많지 않을까요? '너 어디에 사니?'라는 질문이 단순히 위치를 묻는 의미만을 지니게 될 때, 청년이나 빈곤층을 도와주려는 국가의 주거 정책을 반대하는 사람들도 줄어들 것입니다.

별을 좋아하면
과학자가
되어야 할까
?

혹시 본인의 돌잔치 영상을 본 적이 있나요? 참석한 어른들이 아기에게 덕담을 한 장면들이 편집되어 있을 겁니다. 내용은 비슷하죠. "하고 싶은 거 하면서 건강하게 살면 좋겠다." 그런데 청소년이 된 여러분이 하고 싶은 거 하면서 살 겠다고 하면 주변에서는 답답하다는 표정을 짓습니다. 무슨 잘못이라도 한 것일까요?

해준이의 사촌 형은 공무원 시험에 합격했습니다. 대학교를 졸업하고 3년 만에 얻은 생애 첫 직업이었죠. '잘되었다'는 어른들의 칭찬이 자자합니다. 그런데 해준이가 보기엔 이상합니다. 왜냐하면 형은 어릴 때부터 그림 그리는 것을 좋아했고 대학에서도 디자인을 전공했기 때문입니다. 그러다가 평생 배워 왔던 분야와 전혀 상관없는 일에 종사하게 된 것이죠. 이게 어른들 눈에는 대수롭지 않아 보입니다.

청소년들은 꿈이 무엇이냐는 질문을 자주 받습니다. 그런데 정말로 어릴 때부터 간직했던 꿈을 말하면 어떻게 될까요? '행복하게 사는 게 꿈이다'라고 하면 분위기는 나빠집니다. 반드시 직업을 말해야 합니다. 구체적으로 무슨 일을 해서 돈을 벌지를 말하지 않으면 핀잔을 듣습니다. 직업을 말해도 어른들의 표정이 좋아지기까지는 시간이 걸리죠. 사람을 도우면서 사는 게 꿈이기에 사회 복지사가 되겠다고 하면 적막감이 흐릅니다. 하지만 의사가 되어 아픈 사람을 치료하겠다거나 변호사가 되어 억울한 사람을 돕겠다고 하면 훈훈해지죠. 그렇다고 직업의 사명감을 진지하게 언급하지는 않습니다. 실제 어떤 말이 나오죠? "공부 잘해야겠네."

꿈과 직업이 같지 않아도 돼

어떻게 살겠다가 아니라 무엇이 되겠다고 답해야 하는 세상에서는 어릴 때부터 진로를 구체적으로 정하는 것이 마치 모범적인 것처럼 여겨집니다. 그 결과, 중학생 장래 희망 1위는 일관되게 '교사'입니다. 1999년에도 1위였고 2019년에도 비율은 줄었지만 부동의 1위였죠. 여러 이유가 있겠으나, '차라리 교사가 되는 게 어때?'라는 말을 학생들이 많이 들었기 때문일지도 모릅니다. 어른들은 현실적으로 교사가 가장 좋은 직업이라고 말합니다. 다음은 공무원이죠. 그러니 미술을 공부한 사람이 공무원이 되는 걸 칭찬합니다. 안정적인 일자리라는 이유만으로요.

꿈과 직업이 동일시되는 현상, 그리고 인정받는 직업이 몇 개로 제한되어 있는 이유는 그 사회의 일자리가 양극화되어 있기 때문입니다. 대한민국에는 1만 6천 개가 넘는 직업이 있지만 모든 일이 삶을 안정적으로 유지하게 하는 소득을 보장하지는 않습니다. 그래서 '무엇을' 하는지가 아니라 '얼마나 버는지', '얼마나 오랫동안 일할 수 있는지'가 중요해집니다.

이런 사회에서는 청소년들이 삶을 즐기는 방식을 배우지 못

합니다. 예를 들어, 스케이트에 흥미를 가지면 부모님들은 김연아 선수처럼 될 수 있는지를 고민합니다. 축구를 좋아하면 손흥민 선수처럼 성공할 수 있는지에만 관심을 가집니다. 그 정도의 수준이 아니라면? 즐거워하는 것과 무관하게 그만둬야 합니다. 세계적인 선수가 될 소질이 아니라면 취미도 즐기지 못하는 것이지요.

한국에서는 '별'을 좋아하는 친구에게 어른들은 "공부 열심히 해서 서울대 나와 세계적인 천문학자가 되어라."라고 말을 합니다. 서울대를 나와야지만 과학자가 되는 것도 아니지만, 별을 좋아하니 반드시 과학자가 되어야 한다는 것도 고정 관념입니다. 사진작가가 되어 별을 찍을 수도 있고 소설가가 되어 우주를 소재삼아 글을 쓸 수도 있지요. 아니면 그냥 별이 좋아 등대지기로 평생 살 수도 있습니다. 꼭 관련 직업에 종사하지 않더라도 평생을 우주를 좋아하며 산다면 그 인생은 참으로 소중하지 않을까요?

대한민국에는 '자유 학기제'가 있습니다. 중학교 때 한두 학기를 기존의 시험을 치르는 교육에서 멀어져 자신의 소질과 적성을 찾는 데 시간을 보내는 것이지요. 좋은 취지의 정책인데, 일부 학원에서는 이 시기가 성적을 끌어올릴 마지막 기회라면서 광고를 합니다. 꿈을 물으면 직업을 말해야 한다고 생각하는 사람들이 많을 수밖에 없는 이유입니다.

놀리는 건
웃기는 게 아니다

타인의 외모를 비아냥거리는 것도 서슴지 않는 독설로 유명한 개그맨이 있습니다. 웃음거리가 되는 당사자의 기분이 좋을 리 없겠지요. 선배 개그맨이 이렇게 충고합니다. "인신공격은 재밌다. 하지만 당하는 사람도 웃어야지 진짜 개그다." 역사에서 '풍자'는 약자가 권력자를 비꼬는 것이었습니다. 부당한 현실을 고발하기 위함이었지요. 하지만 현실은 어떠하지요? 주변에서 '놀림' 당하는 친구들이 강자입니까? 못생겼다고, 키가 작다고, 여드름이 많다고, 뚱뚱하다고, 옷이 이상하다고 누가 누구에게 웃음거리가 될 이유는 없습니다.

3장

청소년이
제일
만만해?

겉모습만으로 사람을 판단해서는 안 됩니다. 하지만 어른들은 청소년의 생김새만 보고도 마치 성격과 평소 행실도 다 안다는 듯한 표정을 짓습니다. 염색한 머리, 화장한 얼굴이 증거라면서 쯧쯧거리며 혀를 찹니다. 대화를 나눠 보지도 않고 어떻게 그럴 수 있냐고 물으면, 딱 보면 안다고 합니다. 이 고정 관념은 어떻게 형성된 것일까요?

대한민국의 초·중등 교육법에는 학교에서 학생의 두발이나 복장 등 용모에 관한 지도, 소지품 및 휴대 전화 사용에 대한 규율을 마련할 수 있다는 조항이 있습니다. 지금껏 학교가 학생의 몸과 사생활을 지도한 근거입니다. 그러니 개인의 신체에 간섭하지 말 것을 권고하는 학생 인권 조례가 제정된 지역에서도 교칙이 우선되었던 것이죠.

이런 문제로 인해 해당 조항은 '교육 목적상 필요한 지도 방법'을 구성원들끼리 합의하여 도출하도록 최근에 개정되었습니다. 하지만 우려하는 교사들이 많습니다. 한 교사 단체는 "용모 관련 규칙이 있어야 면학 분위기가 유지되고 교권과 학습권이 보호된다."는 성명서를 냈습니다. 그렇다면, 이전에 유지되었다는 면학 분위기라는 것은 무엇일까요? 수십 년 전도 아닌 2019년 8월의 기사에 등장한 한 중학생의 모습을 보죠.

○○여중 아무개는 동복을 입을 때 스타킹은 무조건 검은색, 양말은 무조건 흰색을 신어야 합니다. 옷도 셔츠, 조끼, 넥타이, 재

킷, 명찰을 모두 갖춰 입어야 합니다. 아니면 벌점을 받습니다. 스타킹은 계절별 색깔이 정해져 있습니다. 셔츠 단추를 풀면 지적을 받습니다. 어떤 교사는 클렌징 티슈로 화장한 학생의 얼굴을 문지를 정도입니다. 인권 침해 소지가 있는 교칙을 찾는 건 어렵지 않습니다. 흰색 아닌 속옷 착용 금지, 연애 금지, 고3은 도서관 대출 금지, 모든 정치 활동 금지 등등. 황당하죠?

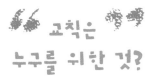

교칙은 누구를 위한 것?

교칙을 학생들과 함께 정해 가는 것이 마땅한 이유는 지금까지 '학생다움'이라는 기준이 일방적으로 어른들 시각에서 만들어졌기 때문입니다. 예를 들어, '여학생다운 품위 유지'가 필요하다면, 이미 두 가지가 논란이 될 수밖에 없습니다. 여학생다움이란 도대체 무엇이냐는 것이며, 품위는 어떨 때 지켜지냐는 것이지요. 치마를 입으면 여학생다움이고 치마가 무릎까지 오지 않으면 품위가 없나요? 흰 양말에 검정 구두를 신으면 교사를 존중하는 것이고 올림머리를 하면 면학 분위기를 해치는 것일까요?

학교가 공부하는 곳이라는 것을 부정하는 게 아닙니다. 교칙을 무조건 거부하는 것도 아닙니다. 다만, 이 공부가 명문고, 명문대 진학률을 의미하는 것이라면 필연적으로 구성원들에게 강제적인 분위기가 조성될 수밖에 없습니다. 즉, 성장 과정에서 필요한 공부를 모두가 즐겁게 하는 것이 아닌, 그중 일부가 평판이 좋은 학교로 진학해서 주변으로부터 '명문 학교'라는 인정을 받는 게 중요해지면 규율은 많아지고 엄격해집니다. '공부에 방해된다'는 이유가 너무나 중요해지기 때문이지요.

화장에 관한 교칙을 비판하는 게 '화장을 하라'는 뜻이 결코 아닙니다. 사실 학생들이 화장을 하는 이유에는 외모를 경쟁력이라고 여기는 잘못된 풍토와 또래 집단에게 인정받으려는 강박이 존재하지요. 그렇다면 화장을 하려는 원인을 개선할 필요가 있는 것이지 규율을 통해 화장을 하고 안 하고로 선과 악을 판단해서는 안 됩니다. 이런 습관은 타인을 바라보는 고정 관념을 만들 뿐입니다. 화장 좀 하고 머리 염색 좀 했다고 '불량 학생'으로 바라보게 되는 것이지요. 외모에 대해서 편견을 가진 어른들이 한국 사회에서 많은 이유입니다.

영화 〈죽은 시인의 사회〉는 명문대 진학만을 목표로 하는 학교가 배경입니다. '전통, 명예, 규율, 최고'라는 교훈에 억눌린 학생들이 '카르페 디엠(현재에 충실하라)'을 잊지 말라는 키팅 선생님을 만나서 자신이 진정 좋아하는 것을 찾아갑니다. 영화는 질문을 던집니다. 엄격한 교칙이 과연 사람을 행복하게 할까? 아니면 그저 학교를 돋보이게 하는 것에 불과할까?

13

학생은 정치에 관심을 가지면 안 돼?

만 18세부터 선거가 가능해지면서 서울시 교육청은 '모의 선거'를 통한 정치 교육이 필요하다고 했지만 선거 관리 위원회가 불허합니다. 교사가 특정한 정당이나 정파를 지지 혹은 반대하는 교육을 할 수 없다는 법을 위반할 수 있다는 이유였습니다. 그런데 학생이 정치에 관심을 가지면 무슨 큰일이라도 생기는 것일까요?

영국의 초등학교에서 정치는 낯설지 않습니다. 운동장에서 학생들은 실제 정당의 국회 의석수에 따라 티셔츠 색을 구분하여 입습니다. A 정당의 의원 수만큼 빨간 티를 입고, B 정당은 파란 티를, 그리고 소수 정당은 다른 색 티를 입지요. A, B 정당의 학생들은 어떻게 과반을 확보하여 연립 정당을 구성할지를 고민합니다. 소수 정당의 학생들을 자신의 편으로 유인하기 위한 협상이 시작됩니다. 이를 통해 학생들은 설득과 양보, 타협과 희생이 공동체에서 왜 필요한지를 느껴 갑니다. 무엇보다 정치가 어른들만의 것이 아님을 이해합니다.

하지만 한국에는 고등학생 3학년 중 일부가 투표를 하게 된 것만으로도 '교실의 정치화'를 우려하는 어른들이 많습니다. 이때 '정치화되지 않으니 걱정 마세요!'가 반론이 되어서는 안 됩니다. 학생이 정치에 관심 가지는 것이 왜 문제인지를 따져야 합니다. 이는 인간의 삶이 어떤 순간에도 정치와 무관하지 않기 때문입니다.

예를 들어 볼까요? 1 더하기 1의 답은 정치와 상관없이 2입니다. 대통령이 누구든 어떤 정당이 국회 과반을 확보하든 불변이죠. 하지만 덧셈을 언제 배워야 하는지(교육 과정), 나라가 정한 기준보다 빨리 배워도 괜찮은지(선행 학습), 이를 어떤 식으로 시험을 치르는지(평가 방법), 또 점수에 따라 상 주고 벌 줄지(교육 철학)는 모두 정치의 결과물입니다. 초등학교에서 영어를 배우는 것도, 여러분의 시간표가 특정 과목 위주로 짜여 있는 것도 마찬가지입니다.

올바른 선택을 하려면 훈련이 필요해

사람의 삶이 정치에 따라 영향을 받는 것이라면, 어릴 때부터 올바른 선택을 할 수 있는 훈련을 하는 것이 필요합니다. 영국, 프랑스, 독일 등에서 실시하는 시민 교육은 사실 정치적 중립과는 전혀 무관합니다. 이 시간에는 주로 노조의 필요성을 배우고 환경의 중요성을 다루죠. 그런데 정치인 중에는 노조가 필요 없다는 주장을 하는 사람도 있고 아름다운 숲을 갈아엎고 골프장을 짓겠다는 경우도 있습니다. 이때 '중립'을 지키라고 시민 교육을 하는 것이 아닌 것이죠.

우리나라는 어떠할까요? 학교는 논쟁을 피하려고만 합니다. 가끔, 군인이 시민에게 총을 쏜 '5·18 민주화 운동'을 교육한 교사가 학부모의 항의를 받았다는 이야기를 듣습니다. 많은 민간인이 억울하게 죽임을 당한 '제주 4·3 사건'을 다룬 교사는 정치 색깔이 의심스럽다는 소문에 시달리기도 합니다. '다른 의견도 있는 예민한 주제'를 일방적으로 가르쳤다는 이유였습니다.

이처럼 우리나라에서는 아무리 검증되고 또 보편적으로 인류가 추구해야 할 가치라 할지라도 정치인들끼리 다투어 버리는 순간, 그 주제는 기계적인 찬반 토론을 할 수만 있을 뿐입니다. 그러지 않으면 학생은 정치 활동을 했다고 벌을 받고 교사는 사상을 학생들에게 강요했다는 책임을 져야 합니다. 그래서 세월호 사건에 슬퍼하며 노란 리본을 달았다고 제재를 받고 추모 시위에 참석했다고 징계를 받은 경우도 있지요.

물론 교사가 선거를 앞두고 기호 1번은 무조건 나쁘다, 저 후보자는 무조건 좋다는 식의 발언을 하는 건 옳지 않습니다. 하지만 교사의 정치 교육 역량을 키워야 할 문제를, 학생들이 정치에 관심을 가질 필요가 없다고 이해해서는 안 됩니다. 어른들도 공약집 한 번 보지 않고 '우리 지역은 무조건 ○○당이지'라면서 투표하는 경우가 많습니다. 어릴 때부터 여러 후보의 공약을 살피고 자신의 의견을 타인에게 설득하려고 노력하는 정치의 묘수를 경험하는 게 과연 큰일 날 일일까요?

14

학교가 왜 조고를 강요할까?

'신앙'이란 단어는 믿을 신(信), 따를 앙(仰) 자를 사용합니다. 종교의 교리를 의심하지 않고 실천한다는 뜻인데, 누구에게나 그럴 자유가 있습니다. 물론 따르지 않을 자유도 동시에 존재합니다. 이슬람교 신자임을 밝혀도 차별받지 않아야 하며, 개신교를 믿으라고 강요받아서도 안 되는 것이죠.

종교 재단에서 운영하는 학교에서 종종 벌어지는 일입니다. 아침마다 '큐티(QT)'를 합니다. QT는 Quiet Time, 즉 조용한 시간 정도의 뜻이지만 교회의 전문 용어입니다. 성서의 한 구절을 읽고 조용히 묵상하는 것이지요. 재학생들은 자신의 종교에 상관없이 의무적으로 이 시간에 참여해야 합니다. 단순히 집중력 키우는 명상 시간이라고 생각하면 그만일까요? 하루 5분 정도에 불과하니, 큰 문제가 아닌 것일까요?

이뿐만이 아닙니다. 시간표에 예배 시간이 정해져 있기도 하고 반별로 헌금을 강요받는 경우도 있습니다. '창의적 체험 활동'이라면서 신앙 부흥회에 참여를 할 때도 있습니다. 학교에서 열리는 특강은 대부분 목사가 와서 기독교 정신을 일방적으로 전달하는 식입니다. 동문이 초대되어도 마찬가지죠. '학교에서 신앙을 배워서 명문대에 합격했다', '기독교 정신으로 사업에 성공했다'는 내용입니다. 특정 종교의 신자여야만 학생회장 선거에 출마할 수 있는 학교도 있고 종교 행사에 대해 일절 문제 제기를 않겠다는 서약서를 입학 시 받기도 합니다. 불교 재단이라고 다를까요?

법회에 참석하고 연등을 만들고 석가 탄신일 행사에 동원되지요.

　언론에 등장해서 논란이 되어도, 학교 반응은 한결같습니다. '종교 재단의 학교에서 신앙을 교육하는 것은 문제가 없다', '학생들도 다 알고 입학하지 않았느냐', '불만이면 전학 가는 방법이 있다'는 식이죠. 그러면서 종교에 대해 긍정적으로 생각하는 경우도 있으니 나쁘게만 볼 문제가 아니라고 합니다. 사립 학교면, 그 운영을 완전히 자율적으로 할 수 있는 것일까요? 내 가게라고 주인이 운영을 마음대로 한다면 도대체 '법'은 무슨 소용이 있을까요? 헌법이 보장하는 '종교를 강요받지 않을 권리'는 누구에게나 존재합니다. 몇 명이 특정 종교에 긍정적인 생각을 가지게 되었는지 아닌지는 중요한 것이 아니지요.

종교를 강요받지 않을 권리가 있어

　모든 미션 스쿨이 노골적으로 특정 종교를 강요하지는 않습니다. 하지만 학교의 이사장, 교장, 교감, 그리고 교사들의 종교가 같으면, 의도하지 않아도 특정한 가치를 은연중에 전달하게 됩니다. 예를 들어, 종교를 비판하거나 신의 존재를 부정하는 내용의 책을 교사가 권장 도서로 추천하지 않거나, 성소수자 이슈가 등장하면 "개인적으로 이해할 수 없다."라는 말을 슬쩍 흘리면서 종교의 입장을 드러내는 식이죠. 굳이 '하나님'이라는 말을 하지 않아도 종교의 가르침을 사람이라면 새겨들어야 할 윤리이자 도덕처럼 소개하고 강요할 수 있다는 것입니다.

2012년에 있었던 '시조새' 내용을 교과서에서 삭제해야 한다는 소동도 비슷한 맥락입니다. 지금까지 파충류와 조류의 중간 정도의 단계라면서 진화론을 설명하는 상징이었던 시조새에 대해 현재의 과학계는 복잡한 진화 과정을 지나치게 직선적으로 설명한 한계를 밝혔습니다. 그러자 종교 단체에서 생뚱맞게도 진화론 자체가 틀린 증거라면서 교육 과정에서 삭제되어야 한다고 주장을 했습니다. 이후 과학계가 진화론을 부정하고 창조론으로 교과서가 수정되면 세계적인 웃음거리가 된다는 경고를 해서 소동은 일단락되었지요.

"진화론도 있고 창조론도 있는 것이야."라는 말은 개인으로서는 표현의 자유지만 그 개인이 교사라면 자신의 믿음을 학생들에게 강요한 것이죠. 헌법 제20조 1항은 종교의 자유를 인정하고 2항은 국교는 인정되지 않으며, 종교와 정치는 분리한다는 내용입니다. 국가를 대표하는 종교가 없다는 것은 어떤 종교든지 인정한다는 것이지만, 정치에 개입하지 말라는 것은 어떤 종교이든 사회가 올바르게 가고자 하는 길에 간섭을 할 수 없다는 뜻이지요. 학교는 더 예외가 되어서는 안 될 것입니다.

15

학교에 안 다니면 청소년이 아닐까?

서울시 교육청은 2019년부터 학교에 다니지 않는 청소년 일부에게 매달 10~20만 원의 교육 참여 수당을 지급합니다. 수당이 충전된 카드는 정해진 곳에서만 사용할 수 있죠. 첫 혜택을 41명이 받았는데, 논란이 많았습니다. 교육청이 교육을 포기한 사람을 왜 돕느냐면서 '정상적으로 사는 사람들은 뭔가요?'라는 항의가 빗발쳤죠. 과연 학교를 다녀야만 정상적인 청소년일까요?

학교를 자퇴한 형민이는 난감할 때가 많습니다. 어른들이 "몇 학년이니?"라고 물으면 딱히 할 말이 없기 때문입니다. 대강 나이를 얼버무려 답해도, "열일곱? 그럼 고등학생이겠네. 학교는 어디지?"라고 되묻습니다. 평일 낮에 돌아다니면 "벌써 방학한 거야?"라고 말하는 사람을 만나기도 합니다. 청소년(靑少年)의 단어 안에 학생이란 뜻이 포함되어 있는 것도 아닌데, 대한민국 사람들의 머릿속에는 '청소년=학생'이라는 고정 관념이 크게 존재하죠. '청년=대학생'이라는 편견보다도 심할 것입니다.

형민이가 학교를 다니지 않는다고 솔직하게 말을 하면 아무도 그냥 그러려니 하는 태도를 보이지 않습니다. 그나마 신중한 사람은 괜한 질문을 해서 미안하다면서 사과를 합니다. 물으면 안 될 것을 물었다는 표정에 형민이는 더 어색해지죠. 그래도 무례하게 캐묻는 사람들보다는 낫습니다. 대부분은 다짜고짜 자기 말만 합니다. "학생이 아니면 뭐야?", "어쩌려고?", "무슨 나쁜 행동했어?" 등등의 말들이 쏟아집니다. 마치 꾸중하는 분위기가 형성됩니다. 학교를 다니지 않는 사람에게 국가가 도움을 조금 주는 것조차 못마땅해하는 여론이 왜 등장했는지 아시겠죠? 형민이는 이 댓글을 보고 상처를 많이 받았습니다. '비행 청소년에게 줄 돈이 어디 있냐! 걔들이 잘도 쓰겠다!'

청소년은 학교에 있어야 정상?

'학교 밖 청소년'은 학교를 다니지 않는 청소년을 뜻합니다. 의무 교육인 중학교까지는 장기 결석을 하거나 여러 이유로 학교장과 협의가 되면 정원 외 관리자 형태가 되어 학교생활로부터 벗어나게 됩니다. 그리고 고등학교 진학 자체를 하지 않거나, 진학 후 자퇴 혹은 제적 및 퇴학 등의 경우도 포함되죠. 통계가 유동적이지만 평균적으로 해마다 5~6만 명의 청소년들이 학교를 그만두며, 지금 이 순간에도 40만 명 내외의 청소년들이 학교 밖에서 일상을 보내고 있습니다.

이들은 주변 사람들의 선입견에 힘들어합니다. 학교 적응에 실패한 자, 일탈을 저질러 쫓겨난 자 등 이러나저러나 문제아 이미지를 지닙니다. 그래서 무시를 당하게 되니 진로를 적극적으로 찾는 것도 어렵습니다. 친했던 학교 친구들하고도 멀어집니다.

예전에는 청소년용 교통 카드를 사용하면 '청소년입니다!'라는 소리가 났습니다. 이게 사라진 이유가 학교 밖 청소년들이 대낮에 버스를 탈 때마다 사람들이 이상하게 쳐다보았기 때문입니다. 또 지금의 청소년증은 학생증이 없어서 발생하는 불편함을 해소하기 위해 만들어졌지만 오히려 '학생이 아니라는 징표'처럼 여겨져서 개선이 필요한 상황이죠. 이런 고민들은 청소년이 학교를 다니지 않는 걸 비정상적으로 바라보는 사회 풍토가 얼마나 심각한지를 잘 나타냅니다.

그렇다면 '이상하지 않은' 학교 밖 청소년도 많다고 널리 알리면 문제가 해결될까요? 자신의 진로를 위해 자발적으로 자퇴를 선택한 연예인의 사례를 소개하거나, 학교의 규율에서 벗어나 홈스쿨링으로 명문대에 진학한 경우를 언론이 주목하면 세상의 편견은 사라질까요?

절대 아닙니다. 일부의 성공 사례에만 주목하면 어쩔 수 없이 방황하는 청소년들을 끊임없이 정상적이지 못한 존재로 바라보게 됩니다. 오히려 '여전히 정신을 못 차렸다'라면서 손가락질을 하게끔 하죠. 이는 학교에서 성적 우수자에게만 주목할수록, 하위권 학생들을 무시하는 정도가 강해지는 것과 마찬가지입니다. 정말로 깨야 할 고정 관념은 청소년이 학교에 있는 걸 정상으로 여기는 생각입니다.

16

선생님 눈에 차별이 다 보일까?

초등학생 사이에 '이백충'이란 말이 유행한다는 기사가 있었습니다. 한 달에 200만 원도 못 버는 집안을 벌레를 뜻하는 충(蟲)이란 표현으로 놀릴 정도로 가정 형편에 따른 차별이 학교에 존재한다는 내용이었습니다. 그런데 "내가 교사인데, 저런 말을 하는 아이 본 적 없음. 다 지어낸 이야기"라는 댓글이 달렸습니다. 과연 선생님 눈에 안 보이면 차별은 없는 것일까요?

미국에서 했던 실험입니다. 어린이집 교사에게 아이들이 노는 모습을 영상으로 보여 줍니다. 그리고 문제 행동을 발견할 때나 혹은 그럴 여지가 있는 모습이 보이면 버튼을 누르라고 합니다. 화면에는 백인과 흑인이 반반씩 등장합니다. 그런데 이 실험의 진짜 목적은 교사들의 눈동자에 있었습니다. 화면 속 아이들 중 누구를 더 예의 주시하는지를 보고자 한 것이지요. 어떤 결과가 나왔을까요? 교사들은 백인보다 흑인 아이들을 유심히 지켜보았습니다. (예일대학 아동연구소의 연구, 2016년)

이 실험은 교육을 받다가 중도 탈락하는 경우가 흑인이 훨씬 높은 이유를 설명합니다. 똑같이 한숨 한 번을 내쉬어도, 똑같이 작대기를 들고 장난을 쳐도 교사는 흑인 아이만 의심하니 흑인은 의기소침할 수밖에 없고 당연히 공부에 흥미를 느낄 수 없게 되는 것이지요. 지금껏 흑인이 학교에 잘 적응하지 못하는 것을 의지력이 부족하다는 등의 이유로 해석했던 태도가 틀린 것이었습니다.

차별은 사람 얼굴에 침을 뱉고 욕을 하고 때리는 경우만을 의미하지 않습니다. 그것만이 차별이라면 대부분이 차별과 무관하죠. 하지만 '차별해도 되는 분위기'를 누가 조성했느냐를 따지면 누구도 자유롭지 않습니다. 학생들은 성적, 성별, 신체 조건 등의 순으로 차별을 받았다고 합니다. "공부도 못하는 바보야!", "여자는 원래 한심해!", "살 좀 빼지 그래?"라는 표현들이 대표적인 경우입니다. 하지만 누가 보더라도 나쁜 사례로만 차별을 국한시키면, 사람들은 '나는 저 정도의 말을 한 적 없다'면서 오히려 본인을 굉장히 착한 사람으로 여기게 됩니다. 교사가 저런 표현만을 기준으로 삼고 제재하면 교실은 늘 평화로워 보일지 모릅니다.

칭찬도 차별의 씨앗이 될 수 있다!

하지만 차별은 어떤 기준을 만들어 한쪽을 좋고, 선하고, 바람직한 것처럼 규정할 때 시작됩니다. 자연스레 반대편이 나쁘고, 악하고, 바람직하지 못한 것으로 느껴지게 되니까요. 그렇기에 때론 칭찬도 차별이 무럭무럭 싹트는 씨앗이 될 수 있습니다.

이를 테면, 성적 우수자를 지나치게 칭찬하거나 "이런 건 남자가 잘하지!", "너는 우리 학교에서 제일 예쁘다." 등의 말이 대표적이지요. 이런 표현들이 쌓이고 쌓이면 "그 성적이 부끄럽지도 않니?", "남자답지 못하게 왜 그렇게 소심해?", "예뻐지려고 노력

좀 해라."라고 말해도 되는 분위기가 만들어지기 때문입니다.

이런 경우까지를 생각한다면 차별은 없다고 누구도 말할 수 없습니다. "너희 부모는 한 달에 200만 원도 못 번다며?"라는 조롱이 실제 있었는지 아닌지가 중요할까요? "좋은 대학 안 가면 취업해서 200만 원 벌기도 힘들어.", "4~500만 원이라도 벌려면 공부 잘해야지."라는 식의 말들이 대수롭지 않게 일상 속에 존재했는지를 따져야 하는 것이지요.

학교 폭력이 쉽게 해결되지 않는 이유도 마찬가지입니다. 누구도 폭력에 찬성하지 않습니다. 그렇기에 모두가 피해자 편일 것 같습니다. 하지만 피해자들은 자신의 상황을 적극적으로 알리지 않습니다. 해결된다는 기대가 없기 때문이죠. 폭력의 피해자들은 늘 '스스로 극복하라'고 다그치는 일방적인 격려를 받습니다. '좋은 대학을 가는 것이 복수다', '긍정적으로 생각하면 된다', 심지어 '스스로의 문제를 고칠 절호의 기회라고 여기자' 등의 조언이 여기저기서 등장하지요. 이런 분위기에선 피해자가 '괜히 알렸다가는 나만 이상한 사람 되겠어'라고 걱정할 수밖에 없으니 계속 감출 수밖에 없습니다. 별다른 대꾸를 하지 않으니 가해자는 장난과 폭력을 구분하지 않습니다. 교실에는 계속 차별과 폭력이 없는 것처럼 보일 것입니다.

17

'예쁘다'는 말도
함부로 하면
안 된다고?

'성희롱 가해 교사들의 사과 및 처벌을 요구한다'는 고등학생의 글이 SNS에 올라왔습니다. 언론사에는 해당 학교의 교사들에게 평소 외모 지적이나 성적 농담을 받았다는 제보가 쏟아졌죠. 주목할 건, 이 일에 대해 '터질 게 터져서 별로 놀랍지도 않다'는 반응이 많았다는 것입니다. 그만큼 일상적이었다는 것인데, 도대체 학교에서는 무슨 일이 있었던 것일까요?

미국의 유명 영화 제작자가 성폭력을 일삼았다는 소식이 전해지자, 여러 여자 배우들이 '나도 당했다'면서 피해 사실을 알렸습니다. 숨지 않고 피해자와 연대하겠다는 '미투(Me Too)' 운동의 시작이었지요. 이들이 침묵했던 이유는 영화 제작자가 말 한마디로 캐스팅을 좌지우지할 만큼 영화계에서 엄청난 권력을 지녔기 때문입니다. 하지만 '피해자에게는 잘못이 없다'면서 손을 내밀어 주는 수많은 사람들 덕택에 여성들은 용기를 낼 수가 있었습니다.

미투 운동은 전 세계로 퍼졌는데요. 한국에서도 연극계, 영화계, 정치계 유명 인사들의 성폭력이 드러나면서 사람들을 경악케 했습니다.

'스쿨 미투'는 2018년도에 트위터 사회 분야에서 가장 많이 리트윗된 단어입니다. 서울의 한 고등학교 창문에 접착 메모지 수백 장으로 '#ME TOO', '#WITH YOU' 등의 글귀가 작성되면서 학교 안에서의 성폭력이 이슈가 되었습니다. '우리도 당했다'면서 연대를 한 학교가 무려 70여 개에 이르렀습니다. 학생들은 교사로부터 불필요한 신체 접촉은 물론이고 일상적으로 불쾌한 말을 들어야만 했습니다. "술집에 취업하려고 그러냐?", "야하게 입으면 성폭행 당한다.", "너희 얼굴만 보고도 몸무게가 몇 킬로인지 맞힐 수 있다.", "여자가 예쁘면 공부는 못해도 돼." 등. 끔찍하지요?

졸업생들이 학교에 온 까닭은?

졸업생들도 학교로 찾아와 교문 앞에서 응원을 했는데요. 이는 학교에서의 성폭력이 아주 오래전부터 있었음을 뜻합니다. 이들이 졸업할 때까지 침묵한 건, 여배우들이 불이익을 두려워했던 것과 마찬가지입니다. 언론에 소개된 한 학생의 말입니다. "항상 이번만큼은 말하겠다고 다짐했지만, 대학 입시에 영향이 갈까 봐 두려워서 말을 못 했어요."

피해 사실을 알리면 문제가 해결될 거라는 믿음이 있었다면 누구도 참지 않았겠죠. 하지만 학교는 성폭력 사실이 외부에 알려지는 걸 좋아하지 않고 오히려 감추려고 합니다. 누가 글을 작성했고 주동했는지 색출하려고도 하지요. 피해자를 보호하고 다른 피해 사실을 찾아도 모자랄 판에 "선생님에게 이러면 안 된다."면서 훈계를 합니다. 그러니 피해자는, '용기를 내 봤자 괜한 짓 한 것밖에 안 될 거야'라면서 체념할 수밖에 없습니다.

학교가 '성평등'에 대한 이해가 부족한 것이 모든 사태의 원인이겠지요. 지금 논란이 되는 말과 행동은 수십 년 전 세상에서는 별 문제처럼 여겨지지 않았습니다. 하지만 가치관은 많이 변했지요. 아무리 스승이라도 개인의 존엄성을 침해해서는 안 되는 것입니다. 특히 남의 신체에 대해 함부로 말해선 안 됩니다. 그것이 농담이라 할지라도 혹은 '예쁘다', '몸매 좋다' 등의 칭찬이라 할지라도 말이지요.

하지만 학교는 여전히 과거에 머물러 있습니다. 많은 교사가 '그게 왜 문제야?'라고 생각하니 성평등 예방 교육도 형식적으로 진행합니다. 스쿨 미투가 제보된 학교 중 26개 학교가 우수한 성평등 교육을 실시했다고 기록되어 있었습니다. 제대로 하지도 않고 서류만 작성했던 것이죠. 실제 교육은 동영상을 개인적으로 보라고 한다거나 회의 시간에 인쇄물을 나눠 줄 정도로 부실했습니다.

학교가 이 사안을 중요하게 여기지 않으니, 2차 가해도 빈번합니다. 2차 가해란, 피해자에게도 책임이 있다면서 접근하는 것입니다. "쟤는 왕따당할 만해."와 같은 말이 대표적입니다. 성폭력 사건도 마찬가지입니다. '혹시 다른 의도가 있었던 거 아니야?'라면서 의심하고 '친구들하고 잘만 놀러 다니던데?'라면서 피해자를 추궁하는 것이지요.

물론 모든 학교가 이러지 않습니다. 모든 교사가 이처럼 나쁘지 않습니다. 하지만 모든 학교와 모든 교사가 그러면 안 되기 때문에, 일부의 사례도 심각하게 봐야 하는 것입니다.

18

'남의사, 남군, 남기자'란 말을 들어 봤니?

대통령은 명절마다 여러 단체와 개인에게 선물을 보냅니다. 이때 포장지에 '대통령 내외 드림'이라고 표기를 하는데, 과연 적당한 말일까요? 내외(內外)는 부부를 뜻하는데, 한자어는 내부와 외부라는 뜻입니다. 여자는 집안 일을 담당하고 남자는 바깥에서 경제 활동을 한다는 성차별적 표현이지요. 이외에도 어떤 성차별적인 언어가 우리 주변에 있을까요?

"저 여자 선수의 자세가 참으로 여성스럽네요." 올림픽 골프 여자 종목 경기를 중계하는 해설자의 말입니다. 스포츠 방송에서는 여성에 대한 고정 관념을 드러내는 경우가 많습니다. 남자 선수에게 '남신'이라고 하지 않지만 여자 선수에게는 '여신'이라는 표현이 이상하지 않습니다. 좋은 표현 같지만 여기에는 '우와, 여자가 대단하네!'라는 편견이 존재하지요. '여자가 육체적 한계를 극복하는 것은 힘들다'는 전제가 없다면 굳이 이렇게 칭찬하지 않았겠죠. '미녀 검객', '은반 위의 요정' 등도 운동 능력만이 아니라 외모까지를 평가하는 차별적 표현입니다.

남편을 잃고 혼자 사는 여자를 '과부(寡婦)'라고 합니다. '과'가 '적다', '약하다'는 뜻이니, 과부는 아내로서 부족하다는 뜻입니다. 남편이 먼저 세상을 떠났다는 이유만으로 아내는 결핍된 존재라니 이상하죠? 재미있는 것은 과부를 좀 격식 있게 표현하자면서 '미망인(未亡人)'이라고 부른다는 것입니다. 하지만 미망인은 (남편을 따라) '아직 죽지 아니한 사람'이란 뜻이니 이건 심한 정도가 아니라 무서운 표현이죠. 남편이 죽으면 아내도 함께 매장한 고대 중국의 '순장 제도'의 영향이 고스란히 반영된 언어인 것이죠. 'ㅇㅇㅇ의 미망인이십니다'라고 하지 않고 '작고하신 ㅇㅇㅇ의 부인이십니다'라고 해도 전혀 예의에 어긋난 게 아니랍니다.

직업 앞에 붙은 '여'자를 빼자

서울시 여성가족재단은 바꾸어야 할 성평등 언어를 모집했는데, 가장 많이 제안된 것은 여직원, 여의사 등 직업 앞에 붙은 '여'자를 빼는 것이었습니다. 남의사, 남군, 남기자란 말은 어색한데 여의사, 여군, 여기자는 입에 딱 달라붙죠. 이는 남자만이 직업을 가졌던 불평등의 역사를 대변합니다. 예전에는 학교에서 '병원 풍경'을 그리게 하면 학생 열 명 중 아홉은 의사는 남자, 간호사는 여자로 묘사를 했을 정도니까요. 두 번째는 처음 한다는 뜻으로 사용되는 처녀작, 처녀 출전 등의 표현을 첫 작품, 첫 출전으로 하는 것입니다. 무엇이 잘못되었냐고요? '저의 총각 작품입니다', '이번이 총각 출전이라서 긴장이 되었습니다'라는 말, 들어 보신 적 없으시죠?

언어 중에는 여성의 역할이 전제된 말들이 있는데요. 예를 들어, '유모차(乳母車)'는 아이를 태워 밀고 다니는 수레라는 뜻이지만, 어머니 '모' 자를 사용합니다. 육아는 여성이 하는 게 당연하다고 여겼던 인류의 역사가 그대로 드러난 단어이지요. 그래서 '유아차(乳兒車)'로 바꾸자고 제안되었습니다.

또 태아가 착상하는 여성의 신체 기관인 '자궁(子宮)'도 한자 뜻이 아들의 집이란 뜻이니 남성 중심 사회의 힘이 느껴지시죠? '포궁(胞宮)'이라는 의학 용어가 존재하니 굳이 자궁이라고 사용할 필요도 없어 보이네요. '저출산(低出産)'도 언급되었습니다. '산' 자가 '(아이를) 낳다'의 개념을 지니기 때문에, 마치 여성이 아이를 낳지 않아서 저출산 문제가 심각한 것처럼 여겨지게 합니다. 출생률이 저조한 데에는 여러 원인이 있는데 그 책임을 여성에게 묻는 건 잘못된 것이겠죠? 출산이 여성의 의무도 아닌데 말이지요. 그래서 출생 인구가 감소하는 현상 자체만을 의미하는 '저출생(低出生)'으로 바꾸자고 합니다.

언어의 편견은 학교 교훈에도 있죠. 많이 개선되었다고는 하지만, 남자 학교에서는 개척, 창조, 패기 등 고무적인 내용이 강조되는데 반해 여자 학교에서는 착한 딸, 순결, 현모양처 등을 학교 앞 돌에 큼직하게 새겨 놓기도 합니다. 참된 어머니를 닮자며 희생, 검소 등의 단어가 교가에서 등장하기도 합니다. 여성다움, 남성다움이라는 고정 관념에서 벗어나 '사람답게'가 중요한 세상이 되었으면 합니다.

19

정시 전형을 늘리면 입시는 공정해질까?

대학 입시의 수시 전형에서는 내신, 논술, 면접, 활동 경력 등 다양한 방법으로 학생을 선발합니다. 이 중 공모전 수상, 체험 활동, 자기소개서 등을 평가하는 '학생부 종합 전형'은 부모의 경제력에 따라 학생의 수준이 결정된다고 해서 논란이 많죠. '금수저 전형'이라는 비판이 거세지자 정부는 수능 시험 위주의 정시 비중을 늘리기로 합니다. 그런데 정시냐 수시냐가 과연 중요할까요?

'자동봉진'이란 말을 아십니까? 학교 교과 과정의 '창의적 체험 활동'에 포함된 것으로서 자율/동아리/봉사/진로 활동을 뜻합니다. 이런 활동을 어떻게 했는지를 대학 입시에서 평가하는 건 취지가 좋아 보이지만 비판이 많습니다. 왜냐하면 아무리 좋다 하더라도 경쟁을 하면 얘기가 달라지기 때문입니다. 수험생 100명 모두가 아무리 창의적이라 할지라도 대학 입학생이 10명이면, 나머지는 불합격 처리가 될 뿐입니다. 그렇기에 정말 자유로운 활동이 아니라, 합격할 수 있는 '자율 활동'을 해야 하는 것이지요.

별에 관심이 많아 천문 과학 동아리 활동을 적극적으로 했다면 훌륭한 학창 시절을 보낸 것이지만 단순히 이 사실만으로는 합격하기가 어렵습니다. '어릴 때 아버지를 따라 떠난 유럽 여행에서 우연히 오로라를 보고 우주에 관심이 생긴' 경우가 훨씬 그럴듯합니다. 그저 열심히 했다가 아니라, '인터넷에서 잘못된 정보를 발견하고 관련 기관에 공식적으로 수정을 요청했다'는 구체적인 사례가 더욱 도드라져 보이죠? 만약, 대학교수님과 인터뷰라도 할 수 있다면 그야말로 금상첨화입니다.

그렇지만 그럴 수 있는 학생과 그렇지 못하는 학생의 차이가 어마어마하겠죠? 입시 컨설팅, 입시 코디네이터 등의 도움을 받는다면 체계적으로 준비를 할 수가 있을 것이고, 이는 돈이 없으면 어려운 것이니 심각한 사회 문제인 것이죠. 그래서 '자동봉진'이나 자기소개서, 교사 추천서 등은 단계적으로 입시 평가 요소에서 사라질 예정입니다. 하지만 의심은 사라지질 않습니다. 워낙 전형 방식이 복잡하기에 자신이 어떻게 살아왔는지를 드러내는 걸 원천적으로 막기가 어렵기 때문입니다.

그렇다고 정시 전형의 비중을 높이는 게 옳은 것은 아닙니다. 왜냐하면 정시 전형의 문제점이 너무 많아서 등장한 것이 수시 전형이기 때문입니다. 2000년대 초까지는 대학 입시에서 정시 전형이 95퍼센트에 이르렀습니다. 한날한시에 모두가 단 한 번만 치르는 시험으로 당락이 결정되니 부작용이 엄청났죠. 고3 때 배워야 할 내용을 고2 때 다 끝내고 문제집만 푸는 경우가 다반사였고 예체능 시간은 자습으로 대체되었죠. 취미와 특기로 대학을 간다는 건 상상도 할 수 없었으니 정말로 삭막했겠죠? 이런 문제 때문에 수시 전형이 도입되었고 2020년 기준으로 입시의 75퍼센트 정도를 차지하고 있습니다.

근본적인 문제는 대학 서열화

근본적인 문제는 대학의 서열화에 있습니다. 다른 나라에도 인지도가 높은 대학이 존재합니다. 하지만 우리나라처럼 일렬로 줄을 세워 어디까지가 좋고, 어디부터는 나쁘다는 식으로 구분하지는 않습니다. 설사 그렇다 할지라도 입 밖으로 말하는 걸 교양이 없다고 여깁니다. 한국에서는 초등학생만 되어도 어디가 명문대고 아닌지를 나눌 정도죠. 이는 한국에서 '어느 대학 출신이냐에 따라' 차별이 만연하다는 것을 뜻합니다. 대학이 위아래로 구분되면 어떻게든 좋은 대학이라고 불리는 곳에 진학하길 희망하게 되겠죠? 이 상황에서는 어떤 입시 제도라 할지라도 이상할 수밖에 없습니다.

영화 〈행복은 성적순이 아니잖아요〉는 입시 교육이 얼마나 끔찍한지를 다룹니다. 공부와 명문대 진학 외의 다른 것을 생각해서는 안 되는 주인공이 아파트 옥상에서 극단적인 선택을 하면서 남긴 유서의 내용이 바로 제목입니다. 영화는 1989년에 개봉했는데, 2020년의 한국 사회도 다를 바 없습니다. 여러분의 학교에서, '이번에 오신 선생님은 명문대 출신이다'라는 말이 사라지지 않는다면 2200년에도 세상은 그대로일 것입니다.

의도가 없어도
차별이 될 수 있다

별 뜻 없이 흑인 분장을 했을 뿐인데 왜 인종 차별이라고 하죠? 당사자가 차별을 했다는 게 아니라, 재미로 하는 것이라도 신중하자는 것이지요. 마블 히어로 흉내 내면서 얼굴을 흰색으로 칠하면 무척 어색합니다. 하지만 누가 흑인처럼 꾸미면, 그 자체만으로도 주변에선 웃습니다. 구글에서 '시커먼스'를 검색해 보세요. 흑인이 아닌 사람들은 오랫동안 흑인을 조롱했습니다. 그러니 흑인 분장을 비판하는 건 역사의 교훈을 잊지 말자는 뜻이에요. 피부색을 특별하게 보기 시작하는 거, 그게 차별의 씨앗이기 때문이죠.

4장

사회라는 문을 열어 보니

가난하면 뮤지컬을 보면 안 되나?

"뮤지컬 관람은 그저 꿈이에요." 가난한 청춘들의 삶을 추적한 기사에 등장한 대학생의 말입니다. 등록금 마련도 버거운 현실에서 문화생활은 어렵다는 내용이었죠. 위로가 많을 것 같았는데, 추천 수가 높았던 댓글은 '가난하다면서, 별걸 다 하려고 하네'였습니다. 이상하네요. 1920년도 아닌, 2020년에 특별한 사람만이 뮤지컬을 볼 수 있다면 과연 좋은 사회일까요?

열다섯 살 주혜는 초등학생 시절에는 그림을 자주 그렸습니다. 타고난 재능이 있어 상도 몇 번 받았죠. 친구 따라 놀러 간 미술 학원에서 슬쩍슬쩍 그린 그림에 강사들이 놀란 적도 있었습니다. 학교와 학원에서 전문적으로 미술을 배우면 좋겠다는 의견을 부모님에게 몇 번이나 드렸을 정도입니다. 하지만 어머니의 대답은 늘 같았습니다. "아이고, 미술 배우려면 돈도 많이 드는데 그걸 어떻게 해요. 그걸로 먹고살 것도 아닌데, 안 하는 게 낫지요."

집이 가난한 주혜는 "사람은 자신에게 어울리는 걸 하고 살아야 한다."는 말을 자주 들었습니다. 보통의 부모들은 자녀의 재능을 찾고자 이것저것을 다 경험하게 도와준다죠? 하지만 주혜는 피아노, 뮤지컬 등을 좋아만 해도 "관심 가져 봤자 인생에 하나도 도움 안 된다."는 핀잔을 들어야만 했습니다. 미술에 대한 미련을 못 버리자 친구들도 '부모 등골까지 빨아먹을 일 있냐'면서 말릴 정도였죠. 주혜는 대학만 생각해도 우울해집니다. 무조건 학비가 저렴한 곳을 선택하고 적성보다 돈을 빨리 벌 수 있는 학과를 찾아야만 하니까요.

'분수에 맞게 살아야 한다'는 말이 있습니다. 낭비하지 말고 알뜰하게 모아서 가난을 벗어나자는 뜻이지요. 과거에는 물자가 부족했고 다양한 문화생활이 존재하지 않았습니다. 모두가 평등하게 가난했기에 포기하면서 사는 걸 당연하게 여겼습니다. 뮤지컬 공연 못 보았다고 억울하다는 감정을 가질 수도 없었던 거죠.

온 국민이 악기 하나는 다룰 수 있는 세상

하지만 이 과정에서 '가난'을 바라보는 고정 관념이 생겼습니다. 가난하면 이래야 한다, 저래야 한다는 기준이 만들어졌지요. 대부분이 유혹을 참고, 욕망을 억누르고, 고통을 견디고, 쾌락을 절제해야 하는 내용, 그러니까 '하지 말아야 하는 것'들입니다. 이것이 어려운 시절을 이겨 낸 누군가의 과거 회상 정도라면 귀감이 될 수 있겠지요. 하지만 '가난한 사람답게'라는 잣대로 타인을 평가하고 혐오하는 거라면 분명 문제입니다.

가정 형편이 좋지 않다고 알려진 청소년이 입술에 바르는 만원 남짓한 틴트 하나만 꺼내도 "그런 것도 있어?"라고 놀라는 경우가 있습니다. 식당에서 잡채밥이라도 시키면 '비싼 거 먹을 돈은 있네'라는 표정으로 바라보죠. 문화나 여가 생활이라면 더 심합니다. 빈곤층 학생이 방탄소년단(BTS) 콘서트를 가겠다고 하면 욕심이 과하다고 하고, 임대 아파트 사는 가정이 제주도 여행이라도 가면 검소하지 않다고 빈정거리죠. 뮤지컬 관람이라도 희망하면 '그거 안 본다고 안 죽는다'면서 비꼽니다.

지금이 밥만 안 굶으면 행복한 시대일까요? 현대 사회에서는 다양한 문화 경험을 한 사람이 잘 성장할 수밖에 없습니다. 연극, 영화, 뮤지컬 등 여러 장르를 접하면 개인의 상상력도 커지고 진로도 다양하게 고민할 수 있죠. 또 문화생활은 자신의 일에 더 매진하게끔 도와주지요. 예술을 체험하면서의 기쁨, 좋은 풍경을 바라볼 때의 안락함이 개인에게 도움을 준다는 것은 두말하면 잔소리니까요.

교과서에도 수록된 신경림의 시 〈가난한 사랑 노래〉는 가난 때문에 모든 것을 포기해야 하는 노동자의 삶을 표현합니다. "가난하다고 해서 왜 모르겠는가 가난하기 때문에 이 모든 것들을 버려야 한다는 것을."이라고 끝맺지요. 진보 정치인이었던 고(故) 노회찬 의원은 좋은 사회를 온 국민이 악기 하나쯤은 다룰 수 있는 세상에 비유했습니다. 백범 김구는 강한 나라가 아닌 아름다운 나라를 희망하면서 '높은 문화의 힘'을 가지고 싶다고 했습니다. 부자여서가 아니라, 부자가 아니라도 뮤지컬을 볼 수 있는 세상이 되었으면 좋겠습니다.

21

장애는 극복해야 하는 걸까?

휠체어를 탄 사람은 '저층 버스'를 이용할 수 있지만, 이마저도 아침 시간에는 어렵습니다. 이미 사람들로 가득 차 있으니까요. 타고 내리는 데 시간도 걸리고 휠체어를 고정할 공간을 확보하는 것도 어렵죠. 사람들은 '왜 바쁜 아침에 나와서 다른 사람들에게 피해를 끼칠까?'라면서 수군거립니다. 그럼 장애인은 출근도 할 수 없는 것일까요?

한국인이 한국에서 한국 영화를 볼 수 없다면, 참으로 황당하겠지요? 하지만 사실입니다. 청각 장애인에게 '자막 없는' 영화는 의미가 없기 때문입니다. 시각 장애인이라면 화면을 별도로 해설해 주는 장치가 필요하지만, 이를 갖춘 영화관은 많지 않습니다. 있긴 있겠죠. 그렇다면 영화 한 편 보려고 전국을 돌아다녀야 할까요? 21세기에? 이런 불합리를 바꾸고자 장애인들이 '차별을 시정하라'면서 시위도 하고 소송도 거는 건 당연한데, 이상한 여론이 등장합니다. '호의가 계속되면 그게 권리인 줄 안다'는 반응들이 많았죠. 무례한 사람들이 오히려 남을 보고 무례하다고 나무라는 꼴이었습니다.

사람이 영화를 보는 데 누군가의 허락이 필요할까요? 이 황당한 경우가 가능한 이유는 장애인의 삶을 '불행하다', '불쌍하다'는 측면에서만 바라보기 때문입니다. 장애를 나쁘고 잘못된 것으로 단정하면, 이는 극복의 대상이 되어 버리죠. 그러면 좌절하지 않고 역경을 이겨 낸 장애인만이 박수를 받고 감동적인 사례로 소개되겠죠? 이 과정에서 고정 관념이 생깁니다. 장애인이 헬렌 켈러나 베토벤처럼 노력하지 않고, 자신이 겪는 부당함을 드러내고 따지면, 의지가 약한 사람이라는 딱지가 붙습니다. 이처럼 '불굴의 의지'를 지나치게 강조하면 장애인이 겪는 불평등은 별거 아닌 게 되어 버립니다.

도서관에는 장애인의 파란만장한 일대기를 다루는 책들이 넘쳐 나지만, 거리의 장애인들은 버스 한 번 타기도 힘이 듭니다. 상가에서 휠체어 경사로를 만들었는데, 지나가던 사람이 보행에 방해된다고 민원을 넣기도 합니다. 밖으로 잘 나오지 못하니 학교를 다니는 것도 힘이 듭니다. 제대로 공부를 하지 못하니 일자리를 얻기도 어렵습니다. 당연히 '자립'은 힘듭니다. 영화 〈어른이 되면〉의 장혜영 감독은 이렇게 말했습니다. 이것은 불행한 것일까요? 아니면 불평등한 것일까요?

왜 학교를 반대할까?

누구에게나 보장된 권리를 장애인에게 보장하려고 해도 논란이 생깁니다. 특수 학교를 만드는 데 지역 주민들이 격렬히 반대합니다. 누구는 10분만 걸으면 학교에 도착하는데, 누구는 두세 시간이 걸린다면 이는 공평하지 않죠. 이를 해결하려고 하니, '왜 여기에 장애인 시설을 지어야 하냐'면서 반대를 합니다. 그리고 학교 대신 병원을 만들어 달라고 요구합니다.

전국에 어떤 학교도 주민들에게 동의를 구하고 그 자리에 있는 게 아닙니다. 학교는 좋고 싫고의 의견으로서 결정되는 게 아니라, 국가가 의무적으로 만들어야 하기 때문입니다. 하지만 '장애인 학교'라면 경우가 달라집니다. 장애인 학생들의 보호자들이 제발 학교를 허용해 달라며 무릎까지 꿇었을 정도이니 반대 시위가 얼마나 격렬했는지 짐작이 갑니다. 당시, 서울시 교육감은 이렇게 말했죠. "특수 학교를 특수하게 바라보는 게 특수한 일이다."

장애인을 차별한 역사는 아주 오래되었습니다. 독일의 나치는 장애인을 수용소에 모아 처형했습니다. '게르만족의 우수성'을 훼손한다는 이유였습니다. 미국에서는 유전적으로 열등한 아동이 태어나는 것을 막겠다면서 장애인에게 '불임 수술'을 강제로 해서 출산을 못하게 했습니다. 이를 '단종법'이라고 하는데, 이게 폐지된 게 1700년대가 아니라 1970년대입니다.

한국에서도 1999년까지 강제 불임 조치를 정부가 명령할 수 있다는 법이 존재했습니다. 하긴, 장애인의 반대말이 '비장애인'이 되기까지도 많은 세월이 필요했습니다. 지금껏 '정상인', '일반인'으로 통용되었으니까요. 그만큼 장애인을 비정상적으로, 일반적이지 않은 이상한 경우로 여겼던 것이죠. 인간의 권리는 누가 동정심을 가지든 말든 보장되어야 합니다. 장애인이 우연히 착한 시민을 만나서 겨우 버스에 오르는 건 아름다운 세상이 아닙니다.

22

차별에
반대하는 법을
왜 반대할까?

지난 2015년, 미국 연방 대법원이 동성 간 결혼을 합헌이라고 판결하자 버락 오바마 대통령은 "미국의 승리"라면서 환영합니다. 하지만 한국의 대통령이나 국회 의원 선거에서는 "동성애 반대합니까?"라면서 윽박지르는 정치인을 볼 수 있습니다. 상대가 '아니요'라고 하면 큰일이라면서 으르렁거리죠. 과연 동성애는 찬성 혹은 반대할 수 있는 것일까요?

힘이 장사인 고등학생 오동구(류덕환 분)는 남자이지만 여자의 정체성을 지녔습니다. 미국의 전설적 팝스타 마돈나처럼 되어서 짝사랑하는 일본어 선생님에게 고백하고 싶습니다. 동구는 성전환 수술 비용을 마련하기 위해 씨름부에 가입합니다. 대회에서 우승하면 장학금이 5백만 원이기 때문입니다. 하지만 동구는 자신을 있는 그대로 봐 주지 않는 주변의 편견으로 힘들어합니다. 매번 꿈이 이것저것 바뀌는 친구와의 대화에서 이렇게 말합니다. "나는 뭐가 되고 싶은 게 아니라 그냥 살고 싶은 거야."

2006년도에 개봉한 영화 〈천하장사 마돈나〉의 내용입니다. 예민한 주제를 유쾌하게 표현했다는 찬사를 받았지만 기대만큼의 흥행은 하지 못했는데요. 성소수자를 바라보는 고정 관념의 벽을 넘기가 어려웠던 것이죠. 개봉 당시에도 '동구를 응원한다!'는 격려와 함께 '역겨운 영화', '트랜스젠더가 정상이냐?' 등의 혐오적인 반응이 있었습니다. 이후, 세상은 달라졌을까요?

'차별 금지법' 논쟁을 보면 아닌 것 같습니다. 차별 금지법은 성별, 연령, 인종, 장애, 종교, 성적 지향, 성 정체성 등등의 이유로 사람이 일상생활에 차별을 받아서는 안 된다는 내용인데요, 2007년부터 입법이 시도될 때마다 무산되었습니다. '성적 지향'과 '성 정체성'이라는 표현을 개신교 측에서 반대해서인데, 법안을 발의한 국회 의원 사무실에는 항의 전화가 빗발쳤다고 하죠.

성적 지향은 개인이 타인에게 매력을 느끼는 방향을 뜻하는데, 서로 다른 성끼리 좋아하면 '이성애'라고 하죠. 하지만 인류는 단 한 번도 이성애자만으로 구성된 적은 없었습니다. 남자가 남자를, 여자가 여자를 좋아했다는 기록은 문자가 있을 때부터 존재합니다. 성 정체성은 자신을 남성이나 여성으로 느끼는 것입니다. 이 역시, 모두가 태어날 때의 성별 그대로 자신을 이해하지는 않습니다. 남자지만 남자가 아니라고 생각하는, 여자지만 여자로서 자신을 느끼지 못하는 사람들은 언제나 있었지요.

이들은 '정상'으로 취급받지 못했기에 늘 숨어야만 했습니다. 언제나 존재했던 '소수'가 존재를 감춰 버리니, 수치상 '다수'에 불과한 이성애자들의 모습이 마치 자연의 질서처럼 여겨진 것입니다. 특히 수천 년 전의 사회 풍토 위에서 만들어진 종교의 교리는 소수자를 결코 용납할 수 없는 비정상적인 모습으로 묘사를 했지요.

하지만 세상은 변하고 있습니다. 1973년, 미국 의학계는 '동성애는 개인의 결함이 아니다'라는 결론을 내립니다. 존재가 인정받으면 성소수자들은 용기를 내지요. 1977년, 미국 역사상 최초로 '게이(남자 동성애자)'임을 밝히고 시 의원에 당선된 하비 밀크 이래 많은 정치인들이 대중들 앞에 나섰습니다. (미국 영화배우 숀 펜이 아카데미 남우주연상을 받은 영화 〈밀크〉가 이 내용이죠.) 2019년에 미국 시카고시의 시장으로 당선된 로리 라이트풋은 '레즈비언(여자 동성애자)'으로, 여자 배우자와 입양한 딸과 살고 있습니다. 동성애를 '찬반'으로 묻지 않기에 가능한 현상입니다. 애플의 최고 경영자 팀 쿡, 영화배우 조디 포스터 등 수많은 유명인들이 자신이 성소수자임을 밝혔지요.

동성애는 찬반의 문제가 아니다

세상이 다양성을 인정하는 추세임에 비해 우리나라의 속도는 늦습니다. "나는 성소수자 차별에는 반대하지만 동의하지 않는다."면서, 마치 배려하는 듯한 말을 하면서도 경계를 설정하지요. 이성애자가 누구 허락받고 사랑을 하는 것이 아니라면 이런 표현은 공평하지 않습니다. 관련 교육도 '성소수자는 우리와 다르지 않으니 배려하자'는 식의 내용인데, 이상한 게 보이시나요? 이런 말은 '우리'를 성소수자가 아닌 사람으로만 설정하고 있습니다. 소수자는 '우리들 중'에 늘 있습니다.

23

난민에도 자격이 있다고?

지난 2018년, 예멘에서 500명이 넘는 사람들이 제주도로 와서 난민 신청을 했습니다. 한국 사회에서는 수용을 반대하는 것을 넘어 특정 종교와 문화를 혐오하는 경우가 많아 논란이 되었죠. 황당한 말들도 많았는데, 한 언론에서는 이들이 비행기를 타고 왔음을 마치 특종처럼 보도하기도 했습니다. 과연, 뗏목이라도 타야 난민 자격이 생기는 것일까요?

저는 2017년에 『1등에게 박수 치는 게 왜 놀랄 일일까?』라는 청소년책을 출간했습니다. 마흔 가지의 질문이 담겼는데, '난민'도 여러 주제 중 하나였죠. 중학교에 강연을 가면 학생들이 가장 많이 반대 의견을 말했던 지점이었는데 오해가 많았습니다. 인도주의적 관점에서 난민 문제에 접근하자는 저의 주장에 대해 이렇게 반론을 하는 경우가 많았습니다. "작가님! 이번에 예멘 사람들을 보면 제주도까지 비행기를 타고 왔으니 돈도 있다는 것이잖아요. 가난한 것도 아닌데, 그 사람들 거짓 난민 아닌가요?"

전쟁이 나서 거리에는 폭격 맞아 무너진 집들이 있고 그 앞에서 이불 하나 두른 채 배고픔에 지쳐 있는 모습이 난민에 대한 일반적인 생각이지요. 그렇다면 대한민국에 살고 있는 사람이라면 웬만해서는 난민이 되지 않을까요? 답은 '될 수 있다'입니다. 전쟁이 일어날 수도 있기 때문만은 아닙니다. 전쟁이든 내전이든 총소리 하나 들리지 않아도, 냉장고에 먹을 게 풍부해도 될 수 있습니다. 왜냐하면 난민은 박해를 피해 탈출한 경우, 즉 국가가 자신을 보호해 주지 않는다고 여기고 사는 곳을 벗어난 사람을 뜻하기 때문입니다. 부자인지 아닌지는 전혀 고려될 필요가 없는 것이지요.

난민다움이란 건 없어

예전에는 터전을 잃어버려 다른 나라를 찾는 사람들이 많았습니다. 제주도 인구가 30만 명이 안 되던 시절에 3만 명이 넘는 아무 죄 없는 사람들이 죽어야만 했던 제주 4·3 항쟁 당시에는 제주도민들이 일본 오사카로 떠나 정착을 하기도 했지요. 6·25 전쟁이 끝나고는 피난민들 중에서 혹은 포로 상태에서 풀려난 이들이 다른 나라를 선택할 기회를 얻었습니다. 이때 노르웨이로 떠난 이철호 씨는 컵라면을 북유럽에 전파했는데요, '라면왕'이라고 노르웨이 교과서에 실리기도 했습니다.

1970년대 이후부터는 정치적 상황으로 인해 위험에 처한 사람들이 어쩔 수 없이 조국을 떠나야 했습니다. (이를 '망명'이라고도 합니다.) 김대중 전 대통령은 생애 중 1,087일이나 일본과 미국에 강제로 가 있어야만 했습니다. 당시 독재 정권이 외국에서 조용히 있으면 더 이상 주변 사람들을 괴롭히지 않겠다고 회유했기 때문이죠. 5·18 민주화 운동의 마지막 수배자로 알려진 윤한봉 씨는 화물선에 35일 동안 숨어 지내며 미국으로 건너가 망명 자격을 받

있습니다.

이번에 제주도로 온 예멘인들 중 난민 지위를 인정받은 2명은 언론인이었습니다. 이들은 반군을 비판하는 기사를 주로 작성했는데, 내전이 극심한 상태인지라 돌아간다면 처형될 수도 있는 상황이었던 것이지요. 2018년에는 태국에서 왕실 일가를 비판한 민주주의 활동가가 한국에서 난민 지위를 인정받기도 했습니다.

종교적 이유도 있습니다. 우리나라에 사업차 온 이란인 부자(父子)는 성당을 다니게 되면서 난민 자격을 신청합니다. 이란에서는 이슬람 외의 종교를 믿을 수 없기에 귀국하면 굉장한 위험에 처할 수 있었기 때문이죠. 아들은 인정받았지만 아버지는 심사를 통과하지 못해서 뉴스에 나오기도 했습니다.

2011년에는 캐나다에서 난민 심사를 통과한 한국인이 있었습니다. 그는 동성애자였는데, 한국 군대에서 겪을 수모를 걱정했고 캐나다에서는 충분한 사유라면서 난민으로 인정을 합니다. 이외에도 정신 질환자에 대한 사회의 편견이 무서워서, 가해자를 신고한 피해자는 보복 범죄가 두려워서 한국을 떠나기도 합니다. 이처럼 난민은 오직 개인이 국가로부터 보호받을 수 있는지 없는지를 보고 결정되는 것이지, '난민다움'이라는 건 존재하지 않습니다.

때론 좋은 말도
나쁜 결과로 이어진다

남을 격려하고 위로하는 건 좋은 태도입니다. 하지만 모든 격려와 위로가 긍정적인 결과로 이어지진 않습니다. 공부를 못하는 친구에게 무작정 "더 야무지게 해 봐!"라고 하는 건, 놀리는 거지요. 왕따의 피해자에게 "네가 행동을 고치면 괜찮지 않을까?"라면서 등을 토닥거리면 그게 위로가 될까요? 선한 마음이 좋은 결실을 맺으려면 자신의 표현에 어떤 문제가 있는지를 공부할 때처럼 꼼꼼하게 따져야 합니다. 여러분이 수학 문제집을 풀 듯이요. 그렇지 않으면 자신이 생각하는 고정 관념을 조언이랍시고, 격려랍시고, 위로랍시고 전하게 되는 것이지요.

아빠는 왜 양육비를 주지 않을까?

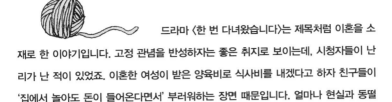

드라마 〈한 번 다녀왔습니다〉는 제목처럼 이혼을 소재로 한 이야기입니다. 고정 관념을 반성하자는 좋은 취지로 보이는데, 시청자들이 난리가 난 적이 있었죠. 이혼한 여성이 받은 양육비로 식사비를 내겠다고 하자 친구들이 '집에서 놀아도 돈이 들어온다면서' 부러워하는 장면 때문입니다. 얼마나 현실과 동떨어진 묘사였을까요?

'배드 파더스(Bad Fathers)'라는 사이트가 있습니다. 부부가 이혼을 해 자녀 양육권이 한 사람에게 주어지면 상대방은 기준에 부합된 양육비를 매달 보내야 합니다. 배드 파더스는 이를 지키지 않는 어른들의 신상을 2018년부터 공개한 홈페이지입니다. '나쁜 아빠들'이라고 하니 아빠만 공개된 것 같지만 책임을 다하지 않는 엄마도 공개되어 있습니다. 다만 일반적으로 양육비를 주지 않는 아빠가 엄마보다 4배 정도 많다는 점이 고려되었지요.

논란이 많았습니다. 잘못을 했든 안 했든 누구에게나 초상권이 있기 때문이죠. 뉴스에서 흉악범이라든지 악랄한 성범죄자들의 얼굴이 공개되는 것도 규정에 따라 관계 기관이 심사숙고해서 결정하니까요. 그래서 배드 파더스 사이트 운영자도 신상이 노출된 사람들로부터 명예 훼손죄로 고소를 당했지요.

법원의 판단은 무죄였습니다. 국민 참여 재판으로 진행되었는데 배심원 전원이 무죄 의견을 낸 것이 적극적으로 반영되었죠. 이는 부모의 초상권보다 아이의 생존권에 무게를 실어 준 판결이라고 볼 수 있습니다. 얼굴을 알리는 극단적 방법이라 할지라도 양육비에 대한 개인의 책임 의식이 높아지면 궁극적으로 아이들의 삶이 조금이나마 개선될 수 있고 이는 '공익'에 부합한다는 의미입니다.

아울러, 지금까지 양육비 문제를 가족끼리의 사생활 영역으로 접근했던 태도가 틀렸음을 뜻하기도 합니다. 사회와 국가의 적극적인 관심이 필요하다는 것이죠. 독일이나 스웨덴 등에서처럼 정부가 먼저 돈을 지급하여 급한 불을 끄고 당사자에게 비용을 청구하는 등의 다양한 고민을 우리나라도 해야 한다는 것입니다.

양육비 미지급에 대한 해외의 기준은 굉장히 엄격합니다. 미국에서는 14년 징역형을 살게 하는 주도 있고 대부분의 주에서 운전 면허증을 정지시켜 생활에 실질적인 불편이 생기도록 합니다. 사회생활을 하고 싶으면 부모로서의 책임부터 하라는 취지인 것이지요. 캐나다에서는 여권 발급을 제한하고 노르웨이에서는 은행 계좌를 압류합니다.

양육비는 아동에게 필요한 비용이자 권리

우리나라의 실태는 심각합니다. '2018년 한부모 가족 실태 조사'에 따르면 양육비를 받지 못한 한부모 가정은 무려 78.8퍼센트에 이르렀습니다. 단 한 번도 받은 적이 없는 경우가 73.1퍼센트나 되었고 정기적으로 지급받는 경우는 고작 15.2퍼센트였습니다. 하지만 양육비 청구 소송을 하는 경우는 7퍼센트에 불과했죠. 한부모 가정의 월평균 소득은 219만 원으로 전체 가구 평균 389만 원에 비해 많이 낮습니다. 즉, 먹고살기도 바쁜 와중에 시간을 내 가며 재판에 참여하기가 어려웠을 것입니다. 답답한 사람이 소송을 걸어서, 그것도 이겨야지만 돈을 겨우 받을 수 있으니 양육비를 안 줘도 그만이라고 생각하는 사람이 많을 수밖에 없겠지요.

이런 풍토가 계속된 것은 양육비를 아동에게 필요한 최소한의 비용이자 권리로 인식하는 것이 아니라 이혼한 상대에게 주는 돈으로 인식하기 때문입니다. 앞서 언급한 드라마가 시청자들로부터 항의를 받은 이유도 양육비의 용도를 개인 용돈처럼 왜곡해서 표현했기 때문이죠. 현실에서 고통받는 사람들이 화가 날 수밖에 없었겠죠?

양육비를 공돈처럼 여기는 고정 관념이 사회에 만연해지면 어른들의 싸움도 꼴불견이 됩니다. 보호가 필요한 아이는 방치되겠지요. 양육비는 살아가는 데 필요한 것을 사고, 미래를 위한 교육에 지출되는 돈이기도 하지만 '부모님은 서로 간의 이유로 헤어졌지만, 나는 버려지지 않았다'는 심리적인 안정감을 아이에게 주는 매우 중요한 기능까지 갖고 있습니다. '집에서 놀면서 받는 공짜 돈'이 아닌 것이지요.

25

내가 연·예·인의 죽·음·에 책·임·이 있·다·고?

 누군가를 인터넷상에서 집요하게 괴롭히는 행위를 '사이버 불링(cyber bullying)'이라고 합니다. 집단 따돌림처럼 약자에게 함부로 행동하는 것을 뜻하는 불링에 사이버가 붙었지요. 채팅방에서 한두 사람을 단체로 욕하거나 유령 인간으로 취급하는 경우도 마찬가지입니다. 자신이 누군지를 드러내 놓고도 이런 짓을 하는데, 익명성이 보장된다면 어떤 일이 벌어질까요?

방송에 출연할 때마다 고민이 많았습니다. 시청자들은 가급적 훈훈한 이야기를 주고받는 걸 좋아하는데 저는 고정 관념을 비판하는 딱딱한 이야기를 하기 때문입니다. 아니나 다를까, 경쟁 교육을 비판하니 여지없이 '그런 소리나 하니까 평생 시간 강사인 거야'라는 댓글이 등장합니다. 성차별을 깨자는 영상은 이런 제목으로 공유되었습니다. '남자 새끼가 징징거리기나 하고.'

인격 모독이나 다름없는 댓글을 보면 단순히 속상하다는 수준이 아니라 며칠간 우울감에서 벗어나질 못합니다. 세상 사람 모두가 제게 욕을 하는 건 아닌지 근심이 사라지지 않죠. 주변 사람들이 신경 쓰지 말라면서 다독거려도 말처럼 쉽지 않습니다. 나쁜 말을 하는 사람이 아무리 소수라 할지라도 그걸 보는 사람은 다수인 게 인터넷 세상의 법칙이니까요.

참다 참다 신고를 한 적이 있었습니다. 같은 내용으로 상습적으로 악성 댓글을 다는 사람을 잡아 달라고 했죠. 어떻게 되었을까요? 경찰에서 피의자를 확보했다면서 일단 한번 와 보라는 연락이

왔습니다. 일상적인 절차라고 생각하고 가서 '악플러'를 드디어 눈으로 보게 되었는데 깜짝 놀랐습니다. 제 앞에 있는 사람이 중학교 3학년 학생이었던 것이죠. 청소년의 인생을 삐걱거리게 할 수는 없다고 판단하여 저는 별다른 합의 없이 고소를 취하했습니다.

자신들의 댓글이 '악성'인 줄조차 모른다

"죄인 줄 정말로 몰랐습니다." 학생이 제게 사과를 하며 한 말이었죠. 이처럼 인터넷 공간에서 키보드를 두드려 몇 자 적는 게 이토록 심각한 문제가 될 줄 인지하지 못하는 경우가 많습니다. 도둑질을 하는 사람이 들키지 않으려는 건 최소한 그 행위가 잘못임을 알고는 있다는 것인데, 타인을 모욕하는 글을 적는 것에 대해선 부끄러움조차 모른다는 것이지요. 이는 다른 사람들도 마찬가지로 생각하고 말한다는 걸 알게 되면서 더 심해집니다. 그러니 악플이 많은 곳에서는 자신들의 댓글이 '악성'인 줄조차 모르는 경우가 많습니다.

'사회적 폭포 효과'라는 말이 있습니다. 『넛지』라는 책으로 유명한 캐스 선스타인 교수가 『루머』라는 책에서 한 표현인데, 거짓말이라도 다른 사람이 믿기 시작하면 자신도 마치 폭포에 휩싸여 순식간에 아래로 떨어지듯이 맹렬히 허위 사실을 추종한다는 뜻입니다. 아니라고 해도, 아니 땐 굴뚝에 연기가 나겠냐면서 공격을 멈추지 않죠.

타인에게 모욕감을 준다 할지라도 너도나도 하는 모습에 별다른 거리낌이 없어지는 것도 마찬가지입니다. 그런데 폭포는 밑에 있는 것들을 부서 버릴 정도로 세차죠? 피해자는 물 한 방울을 맞는 게 아닙니다. 상처받은 누군가가 쉽사리 충격과 공포 속에서 벗어나지 못하는 이유입니다. 특히 대중의 관심에 일희일비할 수밖에 없는 연예인들은 우울증 약을 복용하다가 목숨을 끊는 안타까운 선택을 하기도 합니다. '글자 몇 개'가 지닌 힘은 모든 것이 연결된 인터넷 시대에 정말로 어마어마한 것입니다.

인터넷에서 실명을 공개하자는 주장이 있었지만 헌법 재판소로부터 위헌 판결을 받았습니다. 표현의 자유를 위축시킬 우려 때문이었죠. 익명성은 권력에 대해 쓴 소리를 과감하게 하도록 도와줍니다. 학교에서 벌어진 나쁜 일들, 회사의 문제점을 자기 이름을 공개하고 밝히긴 어려우니까요. 하지만 이런 좋은 취지와 무관한 '댓글'이 너무나 많아진 시대입니다. 최근 한 포털 사이트는 좋은 여론을 전혀 만들어 내지 못한다는 이유로 연예 관련 기사의 댓글 기능을 없애 버렸죠. 다양한 의견을 누구나 말할 수 있도록 하니 혐오와 차별만이 난무했기 때문입니다. 여러분은 떳떳하시나요?

26

'휴머니즘'이라는 말은 항상 좋을까?

몇 년 전에 〈차이나는 클라스〉라는 방송에 출연하여 '모두를 위한 페미니즘'이란 주제로 강연을 한 적이 있습니다. 남녀를 바라보는 고정 관념을 성찰하자는 지극히 평범한 내용이었는데, 게시판에는 '내용에 문제가 있다'는 글들이 등장했죠. 여자만을 위하는 페미니즘은 틀렸고 남녀 모두를 존중하는 휴머니즘이 옳다는 항의였습니다.

미국에서는 단지 흑인이라는 이유로 죽을 수 있습니다. 같은 용의자라 할지라도 흑인이라면 더 의심을 받죠. 옷 안에서 비친 휴대폰 불빛을 경찰이 총으로 오인하여 발포를 한 적이 있었습니다. 열세 살 아이가 장난감 총을 갖고 놀다가 이를 오인한 경찰의 진짜 총에 맞아 죽었지요. 그렇기에 흑인들은 '흑인의 목숨도 소중하다'는 팻말을 들고 공권력에 항의합니다. 이때 '모두의 목숨이 소중하다'는 팻말을 든 백인이 서성거리다가 흑인들에게 제재를 받습니다. 모든 인간은 소중하다는 말은 하나도 틀린 말이 아닌데, 왜 그랬을까요?

"남자도 차별받잖아요!" 성평등 강연을 할 때마다 이렇게 말하는 남학생들을 만납니다. 왜 페미니즘은 여자의 권리만을 중요하게 여기냐고 화를 냅니다. 저는 "언제 남자가 차별받지 않는다고 했나요?"라고 반문하지요. 여자가 '같은 인간으로서' 존엄한 대우를 받지 못하는 걸 따져 보는데 다른 누군가가 힘들고 차별받는 사례를 언급하는 건, 그게 비록 사실이라 할지라도 공동체에 존재하는 불평등의 크기를 줄이는 데 도움이 되질 않습니다.

누가 더 힘든지를 다퉈야 할까?

정책의 목표는 특정한 집단에게 전체 구성원들이 평균적으로 누리는 존엄한 권리를 보장하는 것입니다. 그런데 장애인을 도와주는 데 비장애인도 힘들다고 하고 빈곤층을 지원하는 데 부자의 삶도 나름 버겁다고 하면 세상에는 '문제'가 하나도 존재하지 않을 것입니다. 누군가가 어떻게 '배제'되었는지 보고 도와주자는 말을 그 반대편의 사람이 '차별'을 받는 것처럼 오해를 하면 서로 누가 더 힘들었는지를 다투는 매우 소모적인 상황이 발생하죠.

기업의 채용에서 유독 여성을 남성만큼 선발하지 않는 경우가 발생하면 그 자체의 원인과 해결책을 고민해야 합니다. 여성은 조직 생활을 잘 못할 것이고, 육아 등의 이유로 회사에 몸 바쳐 충성하지 않을 거라는 편견을 반성하면 됩니다. 하지만 갑자기 '남자는 군대 가서 고생하잖아!'라면서 발끈하면, 서로 싸우는 것 외에는 논의가 진행될 수 없습니다.

코로나19와 같은 국가 비상사태가 터져 어린이들이 집에만 있으면 여성의 돌봄 노동이 증가하게 되지요. 돌봄 노동을 대신할 사람이 없어 일을 그만두는 안타까운 선택을 할 가능성이 높아지겠죠? 이때 "엄마만 고생해? 아빠가 뼈 빠지게 돈 벌어 오는 건 왜 모른 척해?"라고 따지면 모두가 힘드니 그냥 버티고 살자는 결론으로만 이어질 뿐이죠. 마치 손바닥 맞아서 아픈 사람에게 발바닥 맞은 것보다 더 아픈지 비교해 보자는 꼴이자, 한 대 맞은 사람에게 두 대 맞은 사람이 더 고통스러우니 조용하라는 것에 불과합니다.

남자도 당연히 힘들지요. 위험한 일을 겪어도 '사내답게 이겨내라'는 황당한 조언을 들을 때도 있죠. 가족들과 식사하고 싶다며 야근 문화를 지적해 봤자, 왜 남자가 그런 일에 신경 쓰냐는 눈총을 받습니다. 그럼 그 자체를 항의해야 합니다. 당연히 모든 백인이 다 잘 먹고 잘살 리 없습니다. 백인이라도 백인 여성, 백인 장애인, 백인 저임금 노동자, 백인 실직자가 있으니까요. 그러면 사회의 성별 고정 관념, 장애에 대한 편견, 노동에 대한 차별적 시선을 비판해야 하겠죠? 이 억울함이 '인종주의'에 저항하는 사람들 앞에서 '백인도 힘들어!'라고 말하는 것으로 표출된다고 해서 이득이 있을 리 없습니다.

'휴머니즘'도 같은 논리입니다. 페미니즘은 '인간다운 삶'을 누리는 사람이 많아지길 바라는 학문이자, 사회 운동입니다. 인간을 바라보는 편견을 깨는 사람이 많아지면 '휴머니즘'도 그만큼 널리 퍼질 수 있는 것이지요.

27

대학에서도 원하는 공부를 할 수 없다고?

'대학에 가서 마음껏 자유를 누리자!' 많은 고등학생들이 책상 앞에 적어 둔 문구입니다. 입시 공부가 힘든 것은 단지 늦게 자고 일찍 일어나는 육체의 피곤 때문만은 아닐 것입니다. 자신이 좋아하든 말든 중요하다고 정해져 있는 과목만을 반복적으로 접해야 하는 억압적인 상황도 스트레스의 원인이겠지요. 그런데 대학을 가면 과연 상황이 달라질까요?

민호는 어릴 때부터 "좋은 대학 가겠네!"라는 말을 수시로 들었습니다. 그래서 정말 미친 듯이 문제집을 풀었습니다. 자신이 무슨 과목을 좋아하는지 따져 본 적 없이 시키는 대로 공부한 결과 대한민국에서 명문대라고 소문난 곳에 합격을 했습니다. 하지만 지금 민호는 고민이 많습니다. 비싼 등록금을 내며 대학이란 곳을 계속 다녀야 할지 하루에도 수십 번을 생각합니다.

2학년이 되면 전공을 선택해야 하는데, 민호가 평소에 관심을 가졌던 사회학이나 철학은 학교에서 완전히 찬밥 신세였습니다. 심지어 졸업생들의 취업률이 낮다는 이유로 학교에서는 인문학 계열과 비인기 학과를 없애기로 했습니다. 이 모든 것은 미래를 위한 어쩔 수 없는 선택과 집중이라면서 그럴싸하게 포장되었죠.

2000년대 이후, 대한민국 대학의 목표는 첫째도 둘째도 학생들의 취업이 되었습니다. 많은 대학들이 몇몇 인기 있는 학과만을 밀어주는 이유이지요. 이공계 일부와 문과 계열에서는 유일하게 경영학과만이 정원을 늘리고 교수 충원을 활발히 합니다. 물론 대학이 돈을 내고 다니는 학생들에게 앞으로 안정적으로 살아갈 발판을 마련해 주는 것은 당연한 의무입니다. 하지만 대학 전체가 '취업 학원'으로 변해 버려 모두의 목표를 획일화시키면 더 큰 문제가 발생합니다.

대학이 취업 학원으로 변해 버리면?

경영학을 공부하는 두 사람을 생각해 봅시다. A는 여러 전공이 골고루 존재하는 학교를, B는 일부 인기 학과가 전체의 상당 부분을 차지하는 학교를 다닙니다. A는 대학 생활 내내 다양한 생각을 가진 친구들을 만날 수밖에 없습니다. 연애를 하거나 동아리 활동을 하면서 만나는 친구들의 전공이 다양하기 때문이죠. 조별 모임을 하더라도 같은 상황을 다르게 보는 의견을 접하게 됩니다. 수강 과목을 신청할 때도 본인 전공 외의 여러 지식을 접할 기회를 얻습니다. 별다른 결심을 하지 않고 대학 생활을 평범히 하는 것만으로도 세상을 한쪽 눈으로만 보아서는 안 된다는 경험을 할 수 있는 것이지요.

하지만 B는 4년 내내 비슷한 생각을 가진 친구들을 만나게 됩니다. 취업에 도움을 크게 주지 않는다는 이유로 학과들이 사라지면 아무리 교양 수업을 열심히 듣고자 해도 다양한 강의를 선택조차 할 수 없게 됩니다. 그러니 만나는 교수님들도 생각이 비슷합니다. 세상을 철학적으로 바라보는 시선이 무엇인지도 알 수 없습니다. 사회학적으로 비판하는 것이 왜 필요한지에 대해서도 충분히 이해하지 못합니다. 도서관에서 원하는 책을 읽을 수도 없습니다. 학교는 교수나 대학원생이 신청하는 책들을 위주로 구입을 하는데, 다양한 분야의 도서를 신청할 수 있는 사람들 자체가 사라졌기 때문이죠.

어쨌든 B는 졸업을 하고 어떤 일을 하면서 살아가겠지요? 사장이 되어 여러 사람을 고용할 수도, 기자가 되어 여러 사람의 고충을 들어줄 수도, 교사가 되어 여러 사람을 가르칠 수도 있을 것입니다. 자신이 경험한 동전의 한쪽 면만을 마치 세상의 진리처럼 타인에게 전달하게 되면 사회 전체의 분위기가 매우 획일화될 것입니다.

많은 이들이 요즘 대세는 ○○ 전공이라고 생각하고 대학을 갈 것이고 본인은 제대로 된 선택을 했다고 믿을 것입니다. 고민 끝에 내린 결론이니 후회하지 않기 위해 열심히 공부하고 살아갈 것입니다. 하지만 대학 자체가 한쪽으로 쏠려 버리면 그 안에서 아무리 노력을 한들 제대로 된 성장을 할 수가 없습니다. 사회 구조가 개인에게 끼치는 영향은 이처럼 무섭습니다. 모두가 '교육의 공공성'에 관심을 가져야 하는 이유를 아시겠지요?

28

왜
자기소개서에
거짓말을
해야 할까
?

대학교 졸업을 앞둔 아무개는 학점과 토익 성적 모두 우수하죠. 하지만 입사 원서를 내는 곳마다 낙방의 고배를 마셨습니다. 답답한 마음에 학교의 취업 지원팀을 찾아가 상담을 받았는데, 원인은 자기소개서가 너무 평범하다는 것이었습니다. 자신의 살아온 인생을 솔직히 작성한 아무개는 막막합니다. 거짓말이라도 해야 할까요?

웹툰이자 드라마 〈미생〉의 주인공 장그래는 프로 바둑 기사가 되질 못하고 주변의 도움으로 대기업 인턴 사원으로 새 출발을 시작합니다. 바둑판을 벗어나 처음으로 사회에 발을 딛는 장그래는 자신에게 이렇게 말합니다. "열심히 안 한 것은 아니지만 열심히 안 해서인 걸로 생각하겠다. 난 열심히 하지 않아서 세상으로 나온 거다. 난 열심히 하지 않아서 버려진 것뿐이다."

이토록 가혹하게 채찍질을 하는 이유는 버티기 위해서일 것입니다. 실적 하나에 목숨 거는 회사에서 고졸 인턴의 과거에 누가 관심을 가지겠습니까? 그러니 장그래는 자신의 잘못이 아닐지라도 자신에게 책임이 있다고 여기기로 했습니다. 살아남으려면 별수 없었으니까요. 문제는 이 어쩔 수 없는 개인의 자세가 '모름지기 청년이라면' 당연한 삶의 태도처럼 규정되어 버렸다는 것이죠.

기업은 다양한 인재를 발굴한다고 합니다. 이런저런 성향의 사람을 뽑아서 좋은 효과를 내겠다면서 개인의 상상력, 창의력을 존중한다고 홈페이지에는 나옵니다. 과연 그럴까요? 기업이 채용

과정에서 반드시 요구하는 자기소개서가 왜 자기'소설'서로 불리는지를 생각하면 고개가 갸우뚱해질 것입니다. 거짓으로 자기를 소개한 적이 있는 경우가 지원자 중 80퍼센트나 된다는 설문 조사도 있으니까요.

자기소개서는 영양소의 효능을 지나치게 강조하여 만병통치약처럼 소개되는 건강 기능 식품 광고와 비슷합니다. 어떻게든 돈보이게 자신을 포장하죠. 장점은 구체적으로 무슨 일을 할 수 있는지가 드러나야 하고 단점은 반드시 극복하겠다는 결의로 이어져야 합니다. 가정 교육 덕택에 예의가 바른 것도 필수이고 성격은 무조건 긍정적이고, 낙천적이고, 진취적이어야 하죠. 이 가치들은 차별과 불평등은 개인의 문제이며 어떤 불의라 할지라도 참고 이겨 내겠다는 태도로 연결됩니다. 요약하면 이렇지요. "저는 예민한 사람이 아닙니다."

일방적인 기준이 위험한 이유

기업은 '불가능하게 여겨졌던 일을 가능하게 만든 경험담', '새로운 일을 추진하여 구체적인 성과를 달성한 경우'를, 고작 이십 몇 년을 살아온 사람들에게 묻습니다. 범상치 않은 인물을 좋아한다는 분위기 속에서 대학생들은 자꾸만 평범한 경험을 평범하지 않게 각색합니다. '방에서 책 읽기를 좋아했다'는 자기소개는 없습니다. 이를 계기 삼아 독서 토론 동아리를 주도적으로 꾸리고 토론 대회에 적극적으로 참여했다는 식의 구체적인 움직임이 파생되어야 합니다.

신문 배달을 한 경험은, 힘들었지만 인생의 가치관을 바꾼 경험이었다고 적당히 부풀리죠. 어학연수라도 갔다면 어학만 배우고 돌아와서는 안 됩니다. 현지에서 몸으로 부대끼면서 글로벌 경영이 무엇인지 감을 잡았다는, 배보다 배꼽이 더 커진 이야기를 진짜인 것처럼 표현해야 합니다. 이조차도 '특색 있으면서도 튀지 않게' 적어야 하니 당사자들은 미칠 지경인 것이지요.

규격이 일방적으로 정해지는 건 위험한 일입니다. 옳은지 그른지를 따지는 것보단 어떻게든 기준에 맞추고 보자는 조급함이 사회 전체에 등장하기 때문이죠. 간절한 사람을 이용하는 장사꾼도 많습니다. 돈만 내면 히말라야의 꼭대기 근처까지 차로 이동 후 사진을 찍거나 오지에 가서 우물을 파는 시늉만 하게끔 도와주는 업체도 있습니다. 대학생들은 이력서에 한 줄 적고자 해외 봉사 활동 동아리에 들어가려고 하죠. 요즈음은 초등학교 때부터 자기소개서에 들어갈 목록을 온 가족이 고민하는 지경입니다. 자신의 인생을 누군가에게 선택받을 것을 대비하여 항상 관리해야 한다? 마냥 어쩔 수 없는 것으로 이해하면 그만일까요?

행복은 마음먹기에만
달려 있지 않다

복지 제도의 도움을 받았는데도 계속 가난한 사람은 차별받아도 싸다는 사람들이 있지요. 30년 전에는 휴대폰을 가진 사람이 거의 없었기에 '휴대폰이 없어서 차별받았다'는 말도 없었죠. 하지만 2020년에는 모두에게 휴대폰이 있음을 전제로 소통을 합니다. 현대 사회에서 행복하게 살아가는 비용 자체가 높아졌다는 거지요. 하지만 '최소한의 생활비만 제공하는' 복지 정책으로는 가난한 사람의 삶이 쉽게 변하지 않습니다. 라면은 맛있지만, 라면만 먹는 인생은 결코 행복할 수 없죠. 행복은 생각하기 나름이라지만, 불평등이 줄어들면 별 생각이 없어도 행복하겠지요?

5장

어른이 되면
생각도
깊어질까?

29

당한 대로 갚아 주면 안 된다고?

인터넷에 '층간 소음 복수'라고 검색하면 다양한 방법이 등장합니다. 예의 없는 이웃 때문에 화가 많이 났다는 뜻이겠지요. 하지만 피해자는 반드시 경비실이나 관리 사무소를 거쳐서 항의를 해야 합니다. 그래도 해결되지 않으면 지방 자치 단체의 협조를 받아야 하죠. 핵심은 당사자끼리 얼굴을 맞대지 말고 제3자를 반드시 거치라는 것입니다. 왜 그래야 하는 것일까요?

그날을 생각하면 민수는 지금도 심장이 두근거립니다. 평소처럼 어머니가 운전하는 차를 타고 학원을 가고 있었는데 갑자기 어떤 남자가 자기 차의 창문을 내리더니 "야! 운전 똑바로 해!"라는 말과 함께 욕설을 뱉으면서 어머니 차 앞에서 급정거를 했습니다. 남자는 차에서 내린 후 손가락질을 하기 시작했죠. 하지만 어머니는 침착하셨습니다. 112에 전화를 걸어 신고를 하더니, 창문을 열고 이렇게 말씀하셨습니다. "아저씨, 지금 보복 운전하신 거죠?"

경찰이 왔지만 상대방은 자신의 운전이 잘못이었음을 인정하지 않고 계속 어머니의 차가 원인을 제공했다는 이야기만 반복했습니다. 끼어들었다는 것이죠. 경찰관은 이렇게 답했습니다. "그러면, 그러셔도 되나요? 기분 나쁘다고 복수를 해요? 법치 국가에서!" 비단 저 사람만의 문제가 아닙니다. 도로의 무법자들은 '상대가 먼저 잘못을 했잖아'라면서 자신의 폭력적인 행동을 정당화시키죠. 심지어 자신이 '참교육 중', '정의 구현했다'면서 커뮤니티에

자랑하기도 합니다.

곳곳에서 이런 모습이 발견됩니다. 학교 폭력 가해자들 대부분은 '나를 흉봤다', '내 여자 친구에게 이상한 말을 했다'는 등의 변명을 하죠. 아동 학대 현장에서는 '훈육'이란 단어가 등장합니다. 잘못을 했으니 때렸다는 것이죠. 데이트 폭력도 마찬가지입니다. 헤어지자는 말에 구타를 합니다. 기분을 나쁘게 했다고 똑같이 되갚아준다? 큰일 날 소리이지요.

사적 복수는 어떤 경우에도 범죄

'사적 복수'는 어떤 경우이든 범죄입니다. 이유가 무엇이든 오직 국가 공권력만이 사람을 체포하고 구금하고 형벌을 내릴 수가 있습니다. 이런 지침은 '정당방위'에 대한 엄격한 해석에서도 그대로 드러나죠. 여러분의 아버지가 집에 침입한 도둑을 제어하다가 기절할 정도로 얼굴을 때렸다면? 여러분의 어머니가 딸을 성추행한 사람을 칼로 찔렀다면? 모두 정당방위가 아닙니다. 폭력을 막는 것과 폭력을 행사하는 것은 전혀 다른 의지이기 때문입니다. 물론 판사도 당해 봐야 안다면서 비아냥거리는 사람들도 있지요. 하지만 당했으니 되갚아 주는 걸 개인에게 허용하면 과연 정의로운 사회가 될까요? 한 대 맞은 아이에게 너도 한 대 때리라

144

는 식으로 가르치면 서로 화해할까요?

'노키즈존' 문제를 살펴보면 한국 사회에 사적 복수의 논리가 널리 퍼져 있음을 알 수 있습니다. 최근 평범한 카페나 식당에서도 아이를 동반하는 것을 금지하는 경우가 많은데, 찬성하는 측은 줄곧 개념 없는 아이들 이야기를 하지요. 물론 공공장소에서 타인에게 방해를 받으면 짜증이 납니다. 그런데 교양 없는 사람들이 아이들뿐일까요? 혼자 4인 탁자에 앉아서 종일 있는 사람, 조별 모임을 하면서 떠드는 대학생들, 쩌렁쩌렁 고함지르는 아저씨들 등등. 그런데 이들에게는 카페 출입 금지라는 조치가 내려지지 않지요. 기껏해야 태도의 개선을 요구할 뿐입니다. 하지만 '약자'에게는 가혹하죠. 이처럼 '원인이 있으니 통제할 수 있는 것 아니냐'는 논리는 공정하게 적용되지 않습니다.

층간 소음의 스트레스는 엄청나죠. 복수하는 법이 왜 등장했는지 이해가 될 지경입니다. 위층 벽을 작대기로 쳐라, 스피커를 천장에 붙여서 소음을 틀어라, 심지어 무섭게 생긴 친척과 함께 직접 항의하라는 조언도 있습니다. 하지만 상대가 말이 안 통한다고 해서 마찬가지의 행동을 해서는 안 됩니다. 이처럼 시민으로 성장한다는 것은 만만한 게 아닙니다. 억울한 일을 겪고도 침묵하라는 말이 아닙니다. 국가가 폭력으로부터 개인을 지켜줄 수 있는지, 폭력이 발생하면 피해자의 울분을 풀어 주는 역할을 제대로 하는지를 감시하고 따지라는 것이지요.

곱창 1인분도 배달되는 세상, 모두가 행복할까?

모든 것이 배달되는 시대입니다. 곱창 1인분도 가능하죠. 내일 아침에 양배추 샐러드가 먹고 싶다? 밤에 주문하면 새벽에 재료가 현관 앞에 도착합니다. 소비자가 너무나 편리해졌기에 배달 혁신, 배달 혁명이라고 평가받죠. 이런 시스템을 도입한 사람은 '개척자'라는 소릴 듣습니다. 달라진 세상에서는 모두가 행복할까요?

A는 외출할 때마다 집 앞에 대기하고 있는 차를 타고 목적지로 향합니다. 마치 전용 차량처럼 타고 내리는데, A는 공유 차량 서비스를 호출하였을 뿐입니다. 휴대폰 화면에 목적지를 입력하고 '콜' 버튼을 누르기만 하면 되죠. 몇 분 후 차량이 도착하는지도 알 수 있고 비용은 등록된 신용 카드로 자동 처리됩니다. 도로변까지 뛰어갈 일도, 손을 흔들며 택시를 부를 필요도 없죠. 승차 거부를 당할 리도 없고 기사와의 실랑이도 전혀 발생하지 않습니다.

B에게는 필요한 것을 즉각 가져다주는 사람이 있습니다. 편의점에서만 파는 음식일지라도, 전통 시장에만 있는 희소한 물건일지라도 가능합니다. 세탁물을 찾아오기도 하죠. 스마트폰을 들고 관련 앱을 열어 몇 번의 손놀림 후 결제하면 일시적으로 개인 비서가 생깁니다. 계산만 되었다면 음식물 쓰레기도 대신 버려 주는데 얼굴 한번 찌푸리지 않습니다. 로봇은 아니지만 그럴 수밖에 없습니다. B가 작성하는 사용 후 별점 후기가 좋지 않으면 그 사람은 더 이상 일을 하지 못하니까요.

현대 사회에서 정보 통신 기술이 발달하면서 새롭게 등장한 노동의 형태를 '플랫폼 노동'이라고 합니다. 지금까지는 노동자가 고용주에게 종속되어 지정된 장소에서 정해진 시간에 주어진 일을 하고 약속된 급여를 보장받는 식이었죠. 하지만 새로운 플랫폼에서는 일을 하고 싶은 사람이 자기가 원하는 시간을 자유롭게 선택할 수 있습니다. 낮에는 회사에 다니고 저녁에 배달을 해도 되고, 낮에는 취미 활동을 즐긴 후 밤에 대리운전을 해도 됩니다. 가지고 있던 킥보드를 이용해서 심부름을 해도 되고, 자신의 차량 뒤에 짐을 싣고 새벽에 배송을 할 수도 있습니다. 무엇보다 중요한 것은 '한 만큼' 보상받는다는 것입니다. 얼핏 긍정적으로 보입니다. 정직한 노동이라는 인상까지 풍기지요.

하지만 '노동'에는 언제나 예외가 발생합니다. 자신이 원하는 시간에 원하는 만큼만 일한다고 위험한 일이 쏙 피해 가지는 않겠죠? 사람의 움직임에는 언제나 만약이 있기에 여러 안전장치가 필요한 것인데 1인 사업자 신분으로 계약이 이루어진 플랫폼 노동자에겐 그림의 떡에 불과합니다. 이들은 일반적인 보험 적용 원칙에서 자유로운 특수 노동자로 분류됩니다. 그래서 산재 보험도 회사와 노동자가 절반씩 부담해야 하는데(일반 회사는 회사가 100퍼센트 부담), 이조차도 '산재 적용 제외 신청서'를 작성하도록 강요를 받습니다. 쉽게 말해, 사고가 나면 모든 책임과 비용은 당사자에게만 있다는 것이지요.

화장실도 못 가는데 혁신이라고?

노동을 하지만 노동자 지위가 아니기에 온갖 부당한 상황에 노출되는 것도 다반사입니다. 모 공유 차량 업체는 '자유롭게 일한다'는 취지가 무색하게 기사들의 일거수일투족을 감시했습니다. 배차 콜에 몇 초 내로 응답하지 않으면 벌점을 부과하고 불이익을 줍니다. 그래서 기사들은 자연적인 생리 현상도 억지로 참아야 하기에 차에 소변 통을 준비하고 종일 물도 마시지 않는 경우도 있습니다. 노동자 신분이 아니니 노조를 만들기도 어려워 적극적인 항의도 못 합니다. 그러니 '절이 싫으면 중이 떠나라'는 분위기만 있을 뿐이죠.

불합리한 이 일을 하려는 사람이, 속된 말로 '널려 있기에' 기업은 경각심을 가지지 않습니다. 안정적인 일자리가 줄어든 시대입니다. 정규직 일자리 구하기가 하늘에 별 따기보다 어렵죠. 임금 노동자의 삶이 불안정하면 자영업자가 늘어나고 자영업자들은 치열한 경쟁을 해야 합니다. 그래서 주휴 수당 지급 의무 대상이 아닌 주 15시간 미만의 아르바이트 희망자들만 고용을 합니다. 쉽게 말해, 기존의 노동 형태가 매우 위태로워졌기에 새로운 플랫폼을 찾는 사람도 많아진 것이지요. '혁신'이라고 하기에는 좀 그렇지요?

31

노조에 가입해서 해고를 당했다고?

"아버지가 노조 활동을 하시면서 회사로부터 불이익을 당해 집안이 많이 힘들었어." 고등학생 성훈이가 친구들에게 말했죠. 그런데 반응이 이상했습니다. 아버지가 쇠파이프 든 폭력 시위 주동자였냐면서 수군거리고, 자기 밥그릇만 챙기는 귀족 노조 아니냐면서 빈정거리기까지 했죠. 그럼 노동조합이 사라지면 대한민국은 좋아질까요?

한국 프로 야구에서 전설적인 투수로 불리는 '무쇠 팔' 고(故) 최동원 선수를 아시나요? 1984년에는 무려 27승을 거두었고 이때 기록한 한 시즌 탈삼진 223개는 지금까지도 깨지지 않고 있습니다. 그해 한국 시리즈에서는 혼자 4승을 거두며 롯데 자이언츠를 우승으로 이끌었으니 연고지인 부산에서 인기는 대단했죠. 그런데 구단이 선수를 다른 팀으로 트레이드해 버립니다. 왜 그랬을까요?

이유는 최동원 선수가 '선수 노조'를 만들려고 했기 때문입니다. 당시 변호사였던 문재인 대통령에게 법률 자문도 받으며 선수들의 권익 보호를 위해 동분서주했는데 구단은 이를 괘씸하게 보았습니다. 팀을 옮기고 극심한 스트레스에 시달린 최동원 선수는 삼십 대 초반의 나이에 은퇴를 해야 했죠.

기업이 노조를 탐탁지 않게 바라보는 건 세계 일류 기업이라는 '삼성'이 노조를 어떻게 대했는지를 보면 알 수 있습니다. 설립자였던 이병철 회장은 "내 눈에 흙이 들어와도 노조는 안 된다."면서 기업의 '무노조 경영'을 고수했죠. 하지만 2020년 5월, 이병철의 손자 이재용 삼성전자 부회장은 삼성의 노조 문제로 상처를 입은 사람들에게 사과합니다. 무슨 일이 있었던 것일까요?

대한민국의 헌법은 노동자들이 힘을 모아(단결권), 협상을 하고(교섭권), 때로는 파업도 가능하다고(행동권) 보장합니다. 노동조합은 이를 적극적으로 실천하고 효과적으로 목적을 달성하는 것을 가능하게 하죠. 삼성은 노동자가 노조를 만들려고 하면 이를 와해시키려 했습니다. 해고의 명분이 될 작은 실수를 찾고자 노동자의 일거수일투족을 감시했죠. 이를 총괄하는 상황실의 이름은, 끔찍하게도 '워룸(War Room)'이었습니다. 노조를 전쟁터에서의 적처럼 여겼다는 것이지요. 결국 관계자 30명이 재판에서 유죄 판결을 받았습니다.(2020년 8월, 2심에서는 26명이 유죄 판결)

한국의 노동자 권리는 세계 최하위권

다른 기업들도 비슷했겠죠? 그 결과 156개국 1억 7500만 명에 달하는 조합원이 가입된 국제 노동조합 총연맹에서는 한국의 노동자 권리를 세계 최하위권으로 분류했습니다. 단순히 소득이 얼마인지만을 따지면 결과에 납득할 수 없죠. 하지만 노동자의 권리가 침해당했을 때, 이를 제대로 항의할 수 있는가를 파악했을 때는 꼴찌 수준입니다. 경찰, 소방관, 군대도 노조가 있는 나라에 비하면 아직 갈 길이 멀었다는 것이죠. 초등학교 때부터 단체 교섭(노사가 의견을 절충하는 자리)을 체험하면서 노조가 자신의 삶과 무관하지 않음을 경험하는 나라도 있습니다.

한국의 언론들은 노조의 시위를 폭력적인 모습으로만 보도하는 데 앞장섰습니다. 광고비를 주는 기업의 입장만 반영해, 회사가 제공한 사진을 신문 1면에 실어 버리는 식이죠. 2019년에 주요 언론사들은 노조의 시위 때문에 회사 관계자가 '실명 위기'라는 보도를 합니다. 하지만 '오보'였죠. 확인 결과 수백 명이 대립한 시위에서 3명이 병원에 갔는데 모두 당일 퇴원을 했을 정도로 경미한 사고였습니다. 수십 년간 이런 보도 행태가 지속되면서 '강성 노조'라는 이미지가 만들어진 것이죠.

노조에 가입한 사람이 많은 사회는 상대적 빈곤율이 낮습니다. 미국의 오바마 전 대통령은 이런 연설을 했죠. "내 가족의 생계를 보장할 좋은 직업을 원하는가? 나라면 노조에 가입하겠다." 우리나라의 인식은 어떠할까요? 쌍용자동차에서 해고당하고 100일 동안 굴뚝 위에서 농성한 이창근 씨의 말입니다. "아파트 경비 아저씨를 위해서 주민들이 십시일반 돈을 모아 에어컨을 설치하면 훈훈하다고 하지만, 경비 노동자들이 노동조합을 결성해 근무 환경 개선을 요구하면 사람들의 태도는 달라집니다."

32

사람이 다쳤는데 '119'를 부르면 안 된다고?

일을 하다가 일어난 사고나 질병을 산업 재해라고 합니다. 산업 재해로 인정되면 노동자는 치료비는 물론이고 월급을 대신할 생활비를 업무에 복귀할 때까지 받습니다. 출근길 사고도 산업 재해인데 교통사고든, 빙판길에 미끄러졌든 노동을 위한 과정이기 때문이죠. 개인과 가족의 삶이 추락하는 것을 막는 중요한 제도인데, 과연 일하다 다치는 모든 노동자들이 산업 재해로 인정받을까요?

1킬로미터를 걷는 데는 10분이 걸리지 않습니다. 예전에는 체력 측정을 해서 입시에 반영했는데, 천 미터 달리기 만점이 3분 39~53초 정도였습니다. 현재 경찰 공무원 실기 시험의 만점은 남자 3분 50초, 여자 4분 50초입니다. 그런데 회사에서 딱 1킬로미터 떨어진 대학 병원으로 다친 노동자를 차로 이송하는 데 얼마나 걸렸을까요? 무려 24분입니다.

경미한 사고여서일까요? 그 노동자는 사다리에서 떨어졌습니다. 병원 도착 후 30분 만에 사망했을 정도로 큰 사고였죠. 119가 늦어서라고 생각할 수도 있지만, 119는 출동조차 못했습니다. 왜냐하면 죽느냐 사느냐 기로에 놓인 노동자를 회사 자체 차량으로 옮겼기 때문입니다. 충격적인 것은 사고를 내부에서 해결하는 게 공식적인 '회사의 매뉴얼'이었다는 사실이죠.

가까이 있는 병원을 가지 않아 사람이 죽기도 합니다. 지게차에 치인 노동자를 살리고자 동료들이 119를 불렀는데 회사 관계자가 차를 돌려보내고 특정 병원의 구급차를 기다립니다. 사고 발생 30분 만에 병원에 도착한 노동자는 사망합니다. 서울 한복판 공사장에서 노동자가 7미터 아래로 추락했는데, 회사는 코앞의 병원을 두고 일부러 22분이나 떨어진 지정 병원으로 기어코 갑니다. 자체 규정대로 하다가 사람은 죽었습니다.

한국의 산재 사망률, OECD 1위

이상한 통계가 있습니다. 대한민국의 산재 발생률은 최저 수준인데, 산재 사망률은 최고입니다. 교통사고에서 사망자보다 부상자가 많은 게 당연한 것처럼, 경미한 사고는 적은데 큰 사고만 많을 수 없습니다. 하지만 한국의 산재 사고 발생률은 OECD 국가의 4분의 1에 불과하지만 사망률은 매해 1~3위를 기록합니다. 영국보다 산재 사고는 적은데 산재 사고로 죽은 경우는 10배가 넘습니다. 이는 기업이 사망 사고만 어쩔 수 없이 산업 재해로 신고하기 때문입니다. 즉, 죽을 정도가 아니라면, '산업 재해로 인해 다쳤다'고 알리지 않고 자체적으로 해결한다는 것이죠.

기업은 산재 보험에 의무적으로 가입해야 합니다. 사고를 신고하면 노동자의 치료비를 국가가 보상해 주니 이득일 것입니다. 그런데 신고를 주저합니다. 보험료가 오르는 측면도 있겠지만 이보다는 산업 재해를 신고함에 따라 고용 노동부로부터 근로 환경에 관한 법을 제대로 준수했는지를 점검받는 것이 두렵기 때문입니다. 이때 위반 사항이 발견되면 과태료는 물론이고 작업 환경 개선을 위해 많은 비용을 지출해야 합니다. 쉽게 말해 법을 어긴 구석이 많기에 사고를 내부에서 덮으려는 것이지요. 그래서 기록에 남는 119 신고를 피하고 '일하다 다친 것과 무관하다'는 식의 진단서를 발급하라고 요구할 수 있는 회사 지정 병원으로 가려는 것입니다.

특히나 눈치 보고 일해야 하는 협력 업체에서는 꼼수가 심합니다. '조선소'가 대표적입니다. 조선소(원청 업체)는 수백 개의 다른 기업(하청 업체)과 함께 배를 만듭니다. 예를 들어 갑판 용접을 하는 수십 개의 회사 중 한 곳과 계약을 맺는 것이죠. 이때 산재 사고로 언론에 오르락내리락한 회사는 재계약을 하기 어렵습니다. 그 결과 배 만드는 하청 업체 노동자 56퍼센트가 산재 보상을 받지 못하고 치료비를 회사가 주는 대로만 받았죠. 심지어 28퍼센트는 개인이 직접 부담했습니다(2014년도 국가 인권 위원회 연구).

죽기라도 하면 산업 재해로 인정받을 가능성이 그나마 있으니 다행인 것일까요? 공장 앞에 '무재해 ○○일 기록 중'이라는 반짝이는 전광판을 볼 수 있는데, 정말로 산업 재해가 없었는지는 아무도 모를 일입니다. 일하다 다쳐도 제대로 된 보상이 그림의 떡인 사회는 좋은 사회가 아닙니다.

33

정당한 휴가를 쓰는 것도 눈치가 보인다고?

간호 대학에서 강의를 할 때였습니다. 일찍 도착해 문을 열었더니, 2학년이 1학년을 줄 세워서 혼을 내고 있었습니다. 강사가 들어왔는데도 욕설을 멈추지 않아서 약간 황당했지요. 수업 시간에 위압적인 선후배 관계를 비판해 보자고 하니, 돌아온 대답은 "간호사의 업무상 어쩔 수 없다."였습니다. 도대체 간호사의 세계에서는 어떤 일이 있는 걸까요?

코로나19 감염병 사태 때 지원에 나선 간호사가 4천 명입니다. 이에 대해 '간호사의 현실을 생각할 때 기적에 가까운 일'이라는 평가가 있었습니다. 왜 기적이냐면, 우리나라에서 인구 1,000명당 활동하는 간호사의 수는 3.5명으로, 이는 OECD 평균 7.2명의 절반에도 미치지 않기 때문입니다(2018년 기준).

그런데 한국에는 간호사 면허를 소지한 사람은 부족하지 않습니다. 문제는 면허 소지자 중 실제 병원에서 활동하는 비율이 50퍼센트밖에 되지 않는다는 것입니다. 의사는 83퍼센트이니 간호사로 일할 수 없는 여러 사정이 있다는 것이지요. OECD 평균인 68.2퍼센트에도 한참 미치지 못한다는 건, 한국만의 무슨 이유가 있다는 뜻입니다.

게다가 한국인의 병원 방문 횟수와 평균 입원 일수는 OECD 평균보다 2배 이상 높으니(2016년 기준), 간호사의 업무량은 다른 나라보다 몇 배나 많습니다. 간호사 1명이 16명을 담당해야 한다는 통계도 있습니다. 화장실 갈 시간이 없어 기저귀를 찼다는 경우도 있고 열에 하나는 유산을 경험할 정도로 자기 건강도 챙기지 못합니다. 인력이 부족하니 정당한 휴가를 쓰는 것도 눈치가 보입니다. 심지어 공백을 최소화해야 한다면서 올해는 A 간호사, 내년에는 B 간호사 이런 식으로 임신을 순서대로 하는 규칙이 알려져 논란이 된 적도 있죠.

주변의 그릇된 인식도 이들을 힘들게 합니다. 병원은 경영상 이유라면서 인력을 보충하지 않는 것도 모자라서 행사 때 장기 자랑을 하라고 합니다. 그것도 같은 의료인인 의사 앞에서 말입니다. 자존감이 추락하는 것은 당연하지요. 환자들은 의사는 선생님이라고 하지만 간호사에겐 '언니'라고 부르기도 합니다. "저기요!" 등이 보통의 호칭이죠.

실수를 감싸 안을 여력이 없다

심신이 지친 상황에서는 동료의 실수를 감싸 안을 여력이 없습니다. 환자의 생명을 책임지는 것은 어느 나라나 마찬가지이기에 어느 곳에서나 간호사는 긴장하기 마련입니다. 하지만 한국의 열악한 근무 환경은 사람들을 더 예민하게 만들어 버립니다. 후배 간호사의 잘못이 원망스럽기에 강한 질책을 하죠. 그래서 간호사 집단은 위계질서가 굉장히 엄격합니다. 군기가 엄청 강하죠. 특히

신입 간호사가 업무를 배우면서 겪는 고충은 어마어마합니다. 이를 '태움' 문화라고 합니다. 영혼을 재가 될 때까지 태울 정도로 엄격한 교육을 한다는 거죠.

하지만 그 과정에서 인간의 존엄성이 짓밟히는 경우가 등장합니다. 생명을 다루기 때문이라는 그럴싸한 변명에 사람을 향한 폭력이 은폐되죠. '정신 차려!'라는 훈계가 어느 순간 '뚱뚱하니 몸이 고생하네'라는 빈정거림으로 바뀝니다. 벽을 보고 있으라고 하질 않나, 단체로 유령 인간으로 취급하기도 하죠. 사회는 누군가가 괴롭힘으로 목숨을 끊을 때만 관심을 가질 뿐입니다. 간호사로 사는 것을 포기하는 사람이 많은 이유입니다. 현실이 개선되지 않으니, 간호사로 살려면 부당한 걸 감당하는 게 당연한 것이 되어 버렸습니다. 그 인식이 아래로 내려와 간호 대학에서의 이상한 문화가 별 수 없는 것으로 둔감해 버립니다.

아무리 힘들어도 사람을 괴롭혀서는 안 될 것입니다. 하지만 간호사 집단에 인성이 좋지 않은 사람이 일부러 모일 리는 없겠죠? 우리는 유독 그 직업 종사자들에게 왜 나쁜 일이 등장하고 묵인되는지를 주목해야 합니다. 의료 집단의 문제는 당사자들만의 문제일 수 없습니다. 환자의 목숨과 연결되었다는 점은 물론이고 국가 방역 시스템이 무너져 모두의 생명이 위태로워질 수 있는 중대한 사안이죠. 의료 환경 개선을 국민 모두가 요구해야 하는 이유입니다.

나는 어떤 경우에도
폭력에 반대한다

대한민국 법은 '개인의 복수'를 허용하지 않습니다. "맞을 짓을 했으니까 맞지."라는 말은 존재해선 안 된다는 것이지요. 왜냐하면 폭력은 결코 평등하지 않기 때문입니다. 힘없는 친구가 자기를 놀린 이들에게 복수하나요? 연인이 배신했다고 여자가 남자를 때리나요? 하지만 반대는 가능하죠. 강자는 꼬투리를 잡아서 약자를 괴롭히죠. 그러니 어떤 경우에도 폭력은 인정될 수 없죠. 괴롭힘을 당하고만 있으라는 게 아닙니다. 'When they go low, we go high'를 기억해요. 그들이 저급할지라도 우리는 품위 있게 반응하자는 것이지요.

집을 사는 데 109년이 걸린다고?

사이좋은 가족이 과일을 먹으며 함께 뉴스를 보고 있었습니다. 대통령이 나와 "반드시 집값을 잡겠다!"는 기자 회견을 합니다. 초등학생 딸이 묻습니다. "열심히 공부해서 취업한 다음에 꾸준히 저축하면 내 집을 장만하는 거죠?" 부모님은 아무 말씀이 없으십니다. 왜 "당연하지!"라고 답을 못 하신 걸까요?

"아들아, 너는 계획이 다 있구나." 주거 환경의 차이를 극명하게 보여 준 영화 〈기생충〉의 명대사입니다. 반지하에 사는 기택(송강호 분)이 신분을 위장해 상류층 자녀의 과외 교사가 되려는 아들 기우(최우식 분)에게 한 말이죠. 우여곡절 끝에 아버지는 아들이 일하던 저택의 지하실에 갇혀 버리고 아들은 돈을 벌어 그 집을 살 계획을 세웁니다.

하지만 기우에겐 불가능한 일입니다. 서울의 집을 가격 순으로 다섯 등급으로 나눠 봅시다. 상위 20퍼센트가 1등급입니다. 사람들의 소득 수준도 다섯 등급으로 구분합시다. 기우처럼 하위 20퍼센트 계층이 소득을 한 푼도 쓰지 않고 모으면 몇 년 후 1등급 집을 살 수 있을까요? 자그마치 109년 하고도 몇 개월이 더 필요합니다(2019년 기준).

분수에 맞게 살라고요? 하지만 어떡하죠? 집값 하위 20퍼센트인 5등급 주택도 마련하는 데 21년이 걸립니다. 기적이 발생해 기우의 소득이 1등급이 되었다고 합시다. 그래도 1등급 집을 사려면 14년 하고도 6개월이 넘게 걸립니다. 월급을 한 푼도 쓰지 않는다는 전제부터가 불가능하니, 보통 사람에게 내 집 마련은 불가능하다는 말이지요. 과장되었다고요? 2020년 1월, 서울 아파트를 가격별로 줄 세우니 가운데 주택이 9억 1216만 원이었습니다. 한 달에 천만 원을 저축해도 7년이 넘게 걸립니다. 문제는, 7년 동안 집값은 더 오른다는 사실이지요.

인생의 목표가 내 집 마련이라면...

한 달만 일해서 집을 살 수 있는 사회는 없습니다. 하지만 사람은 집이 없으면 살 수가 없습니다. 그래서 국가가 공공 주택을 대량 공급하여 누구나 비싸지 않은 집에 거주할 수 있도록 하고 또 법령을 통해 집값 상승을 제한하기도 하죠. 하지만 대한민국은 여러 부동산 정책이 있었지만 실패를 했습니다. 그 결과 수영장 있는 3층짜리 저택에 살겠다는 것도 아닌데 누군가에게 집은 너무나도 '불가능한 목표'가 되어 버렸지요. 이런 사회에서는 어떤 문제가 발생할까요?

집값이 폭등하면 모두가 이를 욕할 것 같지만 그렇지 않습니다. 이미 한국에는 집값이 오르는 걸 좋아하는 사람이 반대의 경우보다 더 많습니다. 저축을 아무리 열심히 해도 집값 오르는 속도를 못 따라잡는 세상에선, 누구나 무리를 해서라도 집을 장만하고자 합니다. 우리나라의 집 있는 사람은 전체 가구의 61.2퍼센트인데(2019년), 이는 역대 최고 수치입니다. 평균적으로 집값의 40퍼센트를 대출받아 집을 장만했지요. 즉, '이왕이면 집값 오르면 좋지' 정도의 수준이 아니라 '반드시 올라야 한다!'고 생각하는 사람이 많다는 것입니다.

연예인이 10억 투자하고 20억 대출받아 30억짜리 집을 사서 몇 년 후 50억에 팔아 20억 넘는 시세 차익을 남겼다는 연예 기사가 이제 한국인 전체에게 적용될 수준이 되었습니다. 금액의 크기만 다를 뿐이죠. 1억 가진 사람이 2억 빚을 내서 3억짜리 집을 사서 그 집이 4억으로 오르기만을 기도합니다. 이때 혹시나 집값 상승에 방해가 될 만한 요소를 경멸하죠. 임대 아파트를 욕하고, 장애인 복지 시설을 결사반대하는 것처럼 말이지요. 영화 〈기생충〉에서 저택에 사는 상류층 동익(이선균 분)이 '선'을 넘는 사람을 제일 싫어하는 것처럼, 집값 상승을 욕망하는 사람들이 더 많은 곳에서는 사람 사이를 구분하는 이상한 선들이 곳곳에 넘쳐 납니다.

내 집 마련이 꿈같은 시대의 가장 큰 문제는, 공부할 맛도 열심히 살아야겠다는 의지도 생기지 않는다는 것이지요. '노력해서 취업하고, 성실히 저축한들' 집을 장만하기 힘들다는 걸 알게 된 초등학생은 과연 세상에 대한 희망이 있을까요? 너무 빨리 꿈을 포기하거나, 혹은 인생의 유일한 목표 자체가 내 집 장만이 되겠지요.

35

식당 사장님은 왜 방송 출연을 거절했을까?

'방송에 절대로 알려지면 안 되는 동네 최고의 맛', '소문나지 않고 계속 여기서 장사해 주세요' 한 식당의 평가입니다. 이상하죠? TV 덕에 널리 알려지면 가게가 번창할 텐데 말이죠. 그런데 이 식당의 사장 스스로가 방송 출연을 극구 사양했다고 합니다. 사람들이 몰리면 임대료도 올라, 하던 장사도 못 한다는 게 이유였습니다.

인기 예능 프로 〈백종원의 골목식당〉의 슬로건은 '죽어 가는 골목을 살리는 거리 심폐 소생 프로젝트'입니다. 효과는 대단합니다. 백종원 씨의 진단과 처방으로 식당은 대박이 나죠. 썰렁했던 골목은 아침부터 줄을 선 사람들로 인산인해입니다. SNS에는 인증샷이 넘쳐 납니다. 이 정도면 방송의 힘을 부정하긴 어려워 보이네요. 하지만 평론가들의 입장은 좀 달랐습니다. 방송 덕에 사람이 몰리게 되었지만 과연 영세 자영업자들의 살림살이가 좋아질지는 의문이라는 비판이 등장했죠. 박수를 쳐도 시원찮을 판에 왜 재를 뿌리는지 살펴볼까요?

주택가 골목에 빵집이 있었습니다. 부부가 함께 30년 넘게 일하며 가꾼 가게입니다. 동네 사람 모두가 인정할 정도로 맛이 좋았죠. 빵을 좋아했던 초등학생 아이가 어른이 되어 자녀를 데리고 온다니, '동네 역사'라고 해도 과언이 아니지요. 그런데 모두가 좋아하는 가게가 갑자기 영업을 중단한다고 합니다. 빵집 자리에는 대기업이 운영하는 카페가 생긴답니다. 문 앞에는 이런 공지가 있었습니다. '갑작스러운 임대료 상승을 감당하지 못하고 정든 동네를 떠나게 되었습니다.' 무슨 일이 있었던 것일까요?

몇 배 오른 임대료, 감당할 수 없어

문제의 발단은 가게가 TV에 '대한민국 빵집 4대 천왕'으로 소개되고 인터넷에서 '죽기 전에 반드시 먹어야 하는 빵'이라고 알려진 다음부터였습니다. 처음에는 전국 각지에서 몰려드는 관광객을 주민들도 반겼습니다. 한 우물만을 파고 살았던 이웃이 보상받는 것이라면서 다들 기뻐했죠. 유동 인구가 늘어나자 동네에 생기가 돌았습니다. 번화가에서나 볼 수 있던 '○○벅스', '○○플레이스' 등의 대형 프랜차이즈 카페가 들어왔습니다. 여기까진 마냥 좋아 보였죠.

동네가 유명해지고 사람이 많아지면 대기업 계열의 카페나 식당들이 가장 좋은 자리에서 장사를 하려고 하죠. 그런데 다른 가게가 있다면 어떻게 할까요? 건물 주인에게 현재 받는 월세보다 훨씬 많이 지급하겠다는 의사를 전합니다. 이는 현재의 세입자와 계약을 종료해 달라는 말입니다. 건물주 입장에서는, 지금까지 세입자와 어떤 정이 들었든 간에 본인에게 유리한 선택을 할 수밖에 없을 것입니다. 그래서 가게 주인에게 통보를 하죠. 나가든지,

몇 배 오른 임대료를 내면서 계속 있든지.

갑자기 동네에 새로운 가게들이 생기고 임대료가 오르면서 원래 그곳에서 오랫동안 살던 사람들이 터전을 옮기는 현상을 '젠트리피케이션(gentrification)'이라고 합니다. 신사적이라는 뜻의 '젠트리'가 사용된 것은 낙후된 곳에 중산층이 유입되면서 동네의 가치가 좋아졌음을 표현하기 위해서였죠. 하지만 이는 겉모습만을 긍정적으로 평가한 것에 불과합니다. 건물을 소유한 사람 입장에서는 횡재이겠지만, 그 안에서 평범하게 살던 사람들은 폭등한 임대료 때문에 불행해지는 것이지요.

이제 동네는 어떻게 변할까요? 30년간 '이 집만의 맛이 있다'는 칭찬을 받았던 빵집이, 어디서나 볼 수 있는 카페로 변하죠. 어디서나 맛이 같은 커피를 사람들이 마시고 있다는 것은 동네의 특색이 사라졌음을 뜻합니다. 그렇게 몇 년이 지나면 골목의 모든 식당들이 'ㅇㅇ돈까스-ㅇㅇㅇ점', 'ㅇㅇ보쌈-ㅇㅇㅇ점'이라는 타이틀이 붙은 평범한 곳으로 변합니다. 오던 사람들은 '별것도 없는데 가격만 비싼 곳'이라면서 점차 외면하게 되는 것이지요. 이런 이유 때문에 평론가들이 '결국 웃는 건 갓물주(God+건물주) 아니겠는가'라고 비판을 했던 것입니다. 그러니 동네의 맛집 사장님은 방송에 나가는 걸 극구 사양했던 것이지요.

36

하루 일당이 5억이라고?

벌금형을 받으면 돈을 내거나 노역장에서 일을 해야 합니다. 벌금 100만 원을 내지 못해 일당 10만 원 기준으로 일을 하는 사람이 매년 수만 명입니다. 이상한 건, 잘못이 클수록 일당도 올라간다는 것이죠. 2014년에는 벌금 250억 원을 선고받은 기업 회장의 노역장 일당을 법원이 5억으로 책정해 논란이 되었습니다. 대한민국에서 법은 과연 공정할까요?

정의의 여신상이 들고 있는 저울은 공정한 판결이 얼마나 중요한지를 뜻합니다. 신화 속에 이런 메시지가 있다는 것은, 오래전부터 사람들은 법이 균형을 잃어버리면 신뢰하지 않았다는 말입니다. 눈가리개를 하고 있는 정의의 여신상도 있는데요. 1494년에 출간된 『바보배』라는 책에서 판결자의 눈을 가려 진실을 덮어 버리자는 에피소드로 등장했지만 지금은 고정 관념 없이 판결하라는 의미로 통용되고 있습니다.

우리나라 대법원 입구에 있는 정의의 여신상은 눈가리개가 없죠. 작가는 '눈을 똑바로 뜨고 올바름을 향해야 한다'는 취지로 만들었다고 했는데, 사람들의 반응은 긍정적이지 않습니다. '누가 더 부자인지 알려고' 눈을 뜬 거 아니냐면서 법에 대한 불신을 드러냈지요. 한국인의 사법 제도 신뢰도는 27퍼센트로 OECD 국가 중 최하위 수준입니다(2015년 기준). 법이 공정하다고 생각하는 사람이 열 명 중 세 명도 되지 않는다는 것이죠. 전체 평균 54퍼센트에 비해 한참 낮습니다.

돈이 많으면 무죄 돈이 없으면 유죄

법은 확실하고 엄격해야지만 국민들이 신뢰합니다. 버스비 2,400원을 횡령했다고 해고를 당한 운전사가 있었습니다. 법원은 실수라는 기사의 주장을 받아들이지 않고 해고가 정당하다는 판결을 합니다. 이게 납득되려면 2,400원보다 수백 배 많은 금액을 횡령했다, 비자금으로 조성했다, 뇌물로 넘겼다는 기업 관계자들도 마찬가지로 법의 심판을 받아야겠지요. 5억 원 이상의 사기 및 횡령 등의 범죄로 접수된 사건 중 재판까지 간 경우는 14퍼센트에 불과합니다(2018년 기준). 검찰이 기업을 배려하여 법을 엄격하게 적용하지 않았다고 의심할 수밖에 없는 수치이지요.

재판을 받더라도 30퍼센트는 집행 유예가 되죠. 법이 평등하게 엄격한지 사람들이 의구심을 가지는 건 당연합니다. 고(故) 노회찬 의원은 "저임금 노동자로 성실히 살면서 사회에 기여한 점을 감안하여 감형한다는 예를 본 적이 없다."고 하였습니다. '경제 발전에 기여했다'는 이유로 감형을 받거나 사면을 받는 경우가 많다는 것이지요. 때로는 앞으로 경제를 살려야 한다는 말도 안 되는 이유도 등장합니다.

유전 무죄, 무전 유죄라는 말이 있지요? 돈만 많으면 변호사에게 비싼 비용을 내고 어떻게든 법망을 요리조리 피해 갈 수 있습니다. 대형 로펌에 사건을 의뢰하면 무죄를 선고받을 가능성이 그렇지 않은 경우보다 10배 이상 높아집니다. 일반적으로 재판이 진행된다는 것은 경찰과 검찰이 확보한 증거가 충분하다는 뜻이기에 형사 사건에서 무죄가 날 가능성은 1~2퍼센트에 불과합니다. 하지만 대한민국 5대 대형 로펌이 무죄 판결을 이끌어 내는 비율은 평균 15퍼센트나 됩니다. 가장 큰 로펌은 20퍼센트가 넘을 정도죠. 하지만 보통 사람들은 제대로 된 법률 서비스를 받지 못합니다. 우리나라의 인구 1만 명당 변호사 수는 6명에 불과합니다. 미국(41명), 영국(31명), 독일(20명) 등에 비해 부족하죠(2018년 기준).

　벌금 제도를 개인 소득에 따라 차등적으로 바꾸자는 목소리가 높아지고 있습니다. 한국의 자동차 속도위반 범칙금은 10만 원 남짓입니다. 누구에게는 하루 벌이겠지만 누구에게는 사는 데 전혀 지장이 없는 푼돈일 것입니다. 핀란드에서는 기업의 부사장에게 속도위반 벌금으로 1억 원을 넘게 부과한 바가 있습니다.

　법이 문제가 많다고, 그러니 법 따위는 안중에도 없이 살자는 말이 아닙니다. 법은 사람들의 관심과 노력으로 성장합니다. 우리가 '정말로 공정한가요?'라는 질문을 하느냐에 따라 법은 만인에게 평등할 수도, 아니면 단지 만 명에게만 이로운 것에 불과할 수도 있을 것입니다.

인생은
경쟁이 아니다

웹툰이자 드라마 〈송곳〉의 한 장면입니다. 비정규직 노동자는 경쟁에서 진 것이기에 그 책임은 본인에게 있다는 사람에게 주인공이 말하죠. "패배는 죄가 아니요. 우리는 벌 받기 위해 사는 게 아니란 말이요!" 공부든, 운동이든 또 인생을 살아가면서 남보다 잘하기 위해 자신에게 채찍질하는 건 존경받을 일이죠. 하지만 사람마다 처한 환경이 다 다르고 행운과 불운조차 공평하게 주어지지 않는 현실에서 경쟁의 결과로 누군가가 벌 받아선 안 되죠. 인류 공동체는 적자생존, 약육강식의 법칙이 통용되는 사바나 초원이 결코 아닙니다.

6장

늙어서도
차별받네

37

바이러스도 사람을 차별한다고?

2020년 초만 해도 학교를 5월 말이 되어서야 가게 될 것이라고는 누구도 예상하지 못했지요. 전염병이 무서운 건 누구나 걸리기 때문입니다. 영국의 총리인 보리스 존슨이나 미국의 영화배우 톰 행크스처럼 유명인도 코로나19 확진 판정을 받고 치료를 받았지요. 그래서 바이러스를 보고 평등하다고도 합니다. 사람을 가리지 않는다는 뜻인데, 과연 그럴까요?

세계 보건 기구(WHO)의 경보 단계 중 최고 위험 등급인 팬데믹(pandemic)은 전염병이 전 세계에 대유행하는 것을 뜻합니다. 어원은 '모두(pan)+사람(demic)'의 그리스어입니다. 몇 나라만의 문제가 아니라 인류 전체가 비상이라는 말이지요. 지금껏 팬데믹 선언은 3번 있었는데, 이번 코로나19 바이러스처럼 전 세계가 동시에 하나의 사건으로 영향을 받은 것은 2차 세계 대전 이후 처음이라고도 합니다.

그런데 사태를 살펴보면 이상한 점이 발견됩니다. 처음에 중국이나 우리나라에 감염자 수가 급증한 것은 이 병의 전염력이 이토록 강한 줄을 몰랐기 때문입니다. 이탈리아나 스페인도 경각심 없이 방역을 허술하게 하면서 사망자가 많이 발생했죠. 하지만 선진국이라고 알려진 미국과 영국은 바이러스의 심각성이 잘 알려진 3월 이후에 코로나 사태와 마주했지만, 확진자 수는 무서운 속도로 증가했습니다. 2020년 8월 31일 기준, 중국이 8만 5천 명이 확진을 받고 4천 6백 명이 사망했는데 미국은 617만 3천 명 확진에 18만 7천 명 사망, 영국은 33만 4천 명 확진에 4만 6천 명이 사망했습니다. 그럼 바이러스가 미국과 영국 사람들을 더 좋아하기라도 한단 말입니까?

흑인의 사망 비율이 매우 높아

그 이유는, '평등하게' 국경을 넘나드는 바이러스가 '불평등하게' 살고 있는 취약 계층을 더 괴롭혔기 때문입니다. 미국 시카고의 경우, 도시 전체에 흑인은 3분의 1 정도인데, 코로나로 사망한 사람의 4분의 3 정도가 흑인입니다. 영국은 흑인의 사망 비율이 백인의 4배죠.

오랜 인종 차별의 결과, 미국과 영국에서 흑인들은 저임금 노동자로 살아가는 경우가 많습니다. 이들이 일하는 곳은 바이러스가 좋아한다는 '3밀(밀폐, 밀집, 밀접)'을 피할 수 없는 경우가 대부분입니다. 미국의 한 육류 공장에서는 한 번에 천 명 넘게 감염자가 발생하기도 했는데, 다닥다닥 붙어서 일을 했기 때문이죠. 또한 빈곤층의 경우, 의료비 걱정 때문에 건강 관리를 제대로 하지 못해 당뇨, 고혈압, 심장병 등 기저 질환이 존재하는 경우가 많아 코로나19와 같은 전염병에 더 취약합니다. 게다가 평소 흑인들은 얼굴을 가리면 범죄자로 오해받는 경우가 많아 마스크 착용을 일상

화하는 데에도 시간이 많이 걸렸습니다.

우리나라에서도 비슷한 모습이 발견되었지요. 모든 노동자가 재택근무를 선택할 순 없습니다. 아프면 쉬라고 하지만, 쉬면 일자리를 잃는 사람들도 많습니다. 수십 명이 좁은 공간에서 말을 하며 일하는 콜센터가 위험했던 이유죠. 배송 시간을 맞추는 게 생명인 물류 센터에서 마스크를 착실히 쓰고 일을 하는 건 무척 어렵습니다. 즉, 힘든 일을 할수록 더 위험해지는 상황에 노출되는 것이지요. 게다가 코로나 사태로 원래의 일자리를 잃은 사람들이 무엇이라도 하기 위해 물류 센터를 찾은 경우가 많았습니다. 애초에 위태로운 사람이 더 위태로워진다는 사실을 바이러스가 알려 준 셈이었죠.

미국의 로버트 라이시 교수는 코로나19가 드러낸 계급을 설명합니다.

첫 번째는 재택근무를 할 수 있는 사람들입니다. 코로나 때문에 일자리를 잃을 이유도 없고 또 병에 걸릴 확률도 낮습니다.

두 번째는 비상 상황일지라도 반드시 사회에 필요한 노동자들입니다. 의료진이나 경찰, 소방관, 교사 등이 대표적이지요.

세 번째는 변수가 발생하면 바로 실직하는 노동자들입니다. 비행기 이용객이 줄어드니 항공사 직원들부터 무급 휴직에 들어갔지요.

마지막은 단체로 생활해야 하는 사람들입니다. 감옥이나 여러 보호 단체 시설에서 살고 있는 사람들이지요. 우리나라도 병원의 정신 병동에서 집단 감염이 발생해서 안타까운 적이 있었어요.

첫 번째를 빼고는 대부분이 전염병에서 자유로울 수가 없네요. 우리의 적은 바이러스가 아니라 불평등이라는 사회적 문제가 아닐까요?

38

아프면
참아야
한다고
?

인생의 중요한 순간 아프면 당황스럽습니다. 특히 사정을 봐주지 않는 시험이나 면접을 앞두었다면, 정말 서럽겠죠. 그런데 성공한 사람들 중에는 시험 날 컨디션 관리도 실력이다, 자기 몸도 간수하지 못하면서 어떻게 취업할 생각을 하느냐면서 다그치는 경우도 있습니다. 아픈 사람이 들으면 속상하지 않을까요?

우리나라의 기대 수명은 83세입니다. 인류 전체의 평균이 73세이니, 10년이나 오래 산다는 것이지요. 세계 9위에 오를 만큼 우리나라 사람들은 건강하답니다. 그런데 재미있는 조사가 있는데요. '자신의 건강 상태가 양호하다고 생각하는가?'라는 물음에 단 32.5퍼센트만이 긍정적인 대답을 합니다. OECD 회원국 평균이 67.5퍼센트니까 차이가 많이 나죠? 열 명 중 일곱 명은 건강에 대한 두려움을 느끼고 있었다는 거네요. 한국인들은 병원을 1년에 17회 방문합니다. OECD 평균 6.9회에 비하면 2배도 더 자주 가네요. 병원을 자주 가니까 제때 치료를 받을 수 있었고 그래서 오래 사는 것일까요? 아니면 별 이상이 없는 사람도 걱정이 많아 작은 통증에도 병원 문을 두드리는 것일까요?

　한국에서는 직장을 다니다가 병에 걸리면 곤란한 상황을 겪습니다. 아픈 사람은 '병가(질병 휴가)'를 통해 건강을 회복해야 하는데, 이는 회사와 노동자 사이의 자체 규약을 통해 제한적으로 보장됩니다. 〈한겨레 21〉의 분석에 따르면 병가 기준이 있는 기업이 전체의 57.8퍼센트인데, 이 중 쉬어도 급여가 나오는 '유급 병가가 보장되는 회사는 대한민국에서 7.3퍼센트에 불과합니다. 대부분은 보장된 원래 휴가를 사용하거나 이를 넘어서면 출근하지 못한 만큼 월급이 깎이죠. 무급 상태로 휴가를 보내는 기간도 그나마 괜찮은 곳이 3개월입니다. 그 기간 내에 복귀하지 못하면 기업은 해고를 할 수 있죠.

아픈 사람을 바라보는 잘못된 시선

한국 사회에서 질병 휴가가 온전히 보장되지 않는 이유는, 개인 사정이라는 인식이 너무나 강하기 때문입니다. 틀린 말은 아니지만, 어떻게 사람이 살면서 아프지 않을 수가 있겠습니까. 하지만 회사에서 어떻게 될지 모르니 직장인들은 무조건 버팁니다. 이게 하나의 문화가 되었습니다. 그래서 아파도 열심히 일한 사람이 모범적이라고 평가받죠. 아플 때 참는 게 미덕이 되면서, 질병에 걸린 사람이 업무에 차질을 빚게 되면 '프로답지 못하다', '평소생활 습관이 좋지 못한 거 아니냐'는 소릴 들어야 했습니다. 회사근처 병원에서 점심시간에 찾아온 직장인들이 피로 회복에 좋다는 마늘 주사를 맞는 진풍경이 펼쳐지는 이유죠. 사람들이 왜 병원을 자주 찾는지 아시겠지요?

'혹시나 질병에 걸리면 어쩌지?'라는 걱정이 과해지면 미세

한 신체 변화에도 예민하게 반응하게 됩니다. 병원을 자주 가는 습관이 (좋은 점도 있겠지만) 괜한 '건강 염려증'으로 이어지는 것이죠. 머리가 아프면 뇌종양을 의심하고 가슴이 두근거리면 심장병이 아닌지 안절부절못하고 설사가 잦으면 대장암인지를 확인하고 싶어 내시경 검사를 받습니다. 해마다 건강 검진도 빼먹지 않죠. 건강을 체크하는 것이 일상이 되면, 자신이 평소에 예방을 철저히 했기에 질병에 걸리지 않는다고 여기게 됩니다. 이런 사고가 지나치면 직장 동료 아무개가 아프다고 할 때 공감하지를 못합니다. 왜 병을 미련하게 키웠냐면서 다그치고 '누구는 일하는데, 팔자 좋다'면서 비아냥거리죠.

질병에 개인적 원인이 있다고 해서 이를 개인의 '잘못'처럼 여겨서는 안 됩니다. 그런 사회에서는 개인의 아픔을 쉽사리 드러내지 못합니다. 특히 정신의 병을 바라보는 시선은 너무나 차갑습니다. 우울한 기분과 우울증은 차원이 다른 상태인데, 사람들은 우울증 정도는 쉽게 이겨 낼 수 있는 것처럼 여깁니다. 우울증은 나약해서 걸린다는 편견은 사람들에게 병을 숨기게끔 하죠. 우울증은 자살하는 사람에게 나타나는 대표적인 공통점입니다. 한국 사회가 자살률 1위인 건, '아픈 사람'을 바라보는 '나쁜 사람'이 많기 때문이죠.

39

할머니는 햄버거 주문을 왜 못했을까?

'나이는 숫자에 불과하다'는 표현은 노인이지만 청춘처럼 팔팔하게 살아가는 사람들을 소개할 때 항상 따라붙는 말입니다. 칠십 대 보디빌더 할아버지, 사십 대라고 해도 믿을 최강 동안 할머니 이야기에서 종종 등장하지요. 그런데 늙었기에 육체가 쇠약해지고 새로운 것에 익숙하지 않은 모습 그대로를 인정하면 안 되는 것일까요?

"여기 제일 맛있는 게 뭐죠? 우리 손자들이 좋아할 만한 걸로 부탁해요." 예전에 할아버지, 할머니들은 손자들을 데리고 식당에 가서 이렇게 주문을 하곤 했죠. 특히 다양한 메뉴 중에 하나를 말하는 게 일반적인 햄버거나 피자 가게에서 저리 말씀하시면 상대방은 당황해하면서도 어떻게든 대화를 이어 나가 주문을 받습니다.

이제는 더 이상 그럴 수 없는 시대가 되었습니다. '키오스크(무인 주문기)'를 갖춘 곳이 많아졌기 때문이죠. 웬만한 패스트푸드 업종은 물론이고, 마트의 푸드 코트나 카페에서도 네모난 터치스크린이 주문받는 사람을 대체합니다. 디지털 장비에 낯선 사람에게 이 기계는 거대한 산처럼 느껴지겠지요? 메뉴를 찾는 것도 어려운데 애써 누르면 피클이 필요하냐, 토핑을 바꿀 거냐 등의 질문이 쏟아지니 헷갈릴 수밖에 없습니다.

이런 기계를 처음 접한다면 누구나 쉽지 않죠. 하지만 차근차근 손가락을 움직이다 보면 익숙해진다는 걸 이미 경험한 젊은 사람들은 크게 당황하지 않습니다. 자신을 부끄럽다고 여길 리는 없죠. 하지만 노인들은 다릅니다. 이 기계 덩어리 앞에서 쭈뼛쭈뼛하는 자신의 모습이 세상에 적응하지 못하는 것 같아서 야속합니다. 자신이 부끄러워 보이고, 뒤에 서 있는 사람들의 시선을 더 예민하게 받아들입니다. 어디선가 '노친네가 여러 사람 애먹이네'라고 하는 건 아닌지 안절부절못하게 됩니다.

달에 로켓을 발사하겠다는 것도 아니고 햄버거 하나 주문하면서 노인들은 소외감을 느끼는 세상이 된 것이지요. 어디 먹을 때만 고민일까요? 휴대폰 하나로 항공권을 예약하고 종이 티켓이 없어도 비행기에 탑승하는 시대입니다. 영화를 볼 때도, 야구를 관람할 때도 이제는 오랫동안 줄을 서서 표를 구하진 않지요. 명절 기차표를 구하겠다고 대합실 바닥에서 밤을 지새우는 사람은 이제 다 노인들뿐입니다.

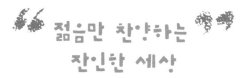

젊음만 찬양하는 잔인한 세상

단순히 디지털 기술에 익숙하지 않다고 노인들이 힘들다는 게 아닙니다. 이 사회는 젊음을 찬양하죠. 여기저기서 등장하는 '안티에이징(anti-aging)'이란 말을 아시나요? 노화를 거부한다는 뜻인데, 화장품 광고에서만이 아니라 노인에게 일자리를 소개하는 책자에서도 바람직한 삶의 태도처럼 소개됩니다. 적극적인 자세로 도전하라는 취지겠지만, 나이 듦이라는 자연의 이치가 인간의 의지만으로 극복되지는 않겠지요. 미디어에서는 나이 들어서도 멋진 일부의 사례만을 포장하죠. 그럴수록 평범한 노인들은 뒤처져 있는 모습으로 보입니다.

'임계장'과 '고다자'는 노인들이 일터에서 어떻게 대우를 받는지를 단적으로 나타내는 말입니다. 임계장은 임시 계약직 노인장이라는 뜻으로, 나이가 들면 안정적인 일자리를 얻기 어려운 현실을 드러내지요. 고다자는 고르기 쉽고, 다루기 쉽고, 자르기 쉽다는 의미입니다. 고르기 쉽다는 건 일자리를 원하는 노인들이 그만큼 많다는 뜻이에요. 현대 사회에서는 60세가 넘어서도 자녀를 부양하는 경우가 많아요. 모아 둔 목돈도 자녀 결혼 비용이나 주택 마련 등으로 이미 사라졌죠. 자녀가 운 좋게 취업했다고 해서 손을 벌릴 수도 없죠. 그러니 용돈이 아닌 생활비를 계속 벌어야 합니다. 이들에게 '소일거리 하며 삶을 즐기는 노년'은 존재하지 않습니다. 그래서 어렵게 얻은 일자리를 어떻게든 붙잡고 있어야 해요. 누가 함부로 대해도 다 참아야 하는 것이지요. 아파트 경비원이 주민의 갑질로 극단적인 선택을 했다는 뉴스, 들어보셨지요?

책 『임계장 이야기』의 63세 저자는 이런 말을 하셨어요. "노인은 사람이지, 소가 아니다. 지금의 모습은 내가 불성실하게 살아온 결과가 아니다."

존엄한 죽음을 맞이하려면?

"병원에 오래 입원하지 않고 돌아가셨으니 그나마 다행이네요." 할아버지나 할머니 장례식장에서 슬퍼하는 유족에게 저렇게 말하는 분이 가끔 있죠. 엄숙한 공간에서 추모는커녕 '잘 죽었다'고 하니 싸움이 날 듯한데 분위기는 나쁘지 않습니다. 다들 동의하는 모습이지요. 도대체 다행스러운 죽음이란 어떤 경우일까요?

'제발, 저희 아버지를 죽여 주세요' 2018년 7월 25일, 청와대 국민 청원 게시판에 올라온 글의 제목입니다. 진통제와 수면제로 버티는 말기 암 환자인 아버지에게 안락사를 허용해 달라는 취지였죠. 언론과 학계에서는 '죽을 권리'를 생각해 보는 계기가 되어야 한다고 했습니다. 죽음을 '당하는' 게 아닌 '맞이하도록', 사회의 관심이 필요하다는 것이었죠.

한국 사회는 웰다잉(well-dying) 법이라고 불리는 '연명 의료 결정법'에 따라 존엄사가 가능합니다. 회생 가능성이 없고 사망이 임박한 상태라는 의학적 판단이 있어야 합니다. 안락사는 금지입니다. 존엄사가 존엄한 죽음을 위해 불필요한 치료를 하지 않는 것이라면 안락사는 외부의 도움으로 고통 없이 생이 마감되는 것입니다. 전자는 사람을 억지로 살리지 않는 것이지만 후자는 죽음을 유도하지요. 인공호흡기를 떼는 것과 특정한 약물을 주입하는 행위에는 큰 차이가 있기에 안락사를 허용하는 나라는 많지 않습니다.

그런데 우리나라 국민 중 81퍼센트가 안락사를 찬성합니다 (2019년 기준). 진통제로도 고통이 사라지지 않는 정도라면, 의학적인 기준에 상관없이 스스로 죽음을 선택할 수 있어야 한다는 것이지요. 빨리 죽고 싶다는 게 아니라 쓸데없이 오래 살기는 싫다는 뜻인데, 왜 사람들은 적당한 때에 죽고 싶어 하는 것일까요?

내 삶을 정리하며 죽고 싶다

췌장암 연구에 획기적인 청신호가 울렸다는 보도가 있었습니다. 췌장암은 조기 발견이 어려워 수술을 해도 생존율이 낮은 편이죠. 그런데 신약이 개발되어서, 앞으로는 약으로 암세포의 크기를 줄인 후 수술을 하면 바로 수술을 하는 것보다 1.7배나 더 오래 살 수 있다고 합니다. 문제는 이 1.7배가 10년이 17년이 되었다는 것이 아니라 17개월이 29개월로 늘어난 것이었죠. 의학적으로는 놀라운 연구 결과입니다. 이런 단계가 있었기에 인류의 수명이 획기적으로 증가했겠죠.

하지만 오늘을 살아가는 평범한 사람들이 1년 생명 연장을 '의학의 승리다!'라면서 기뻐하진 않습니다. 냉정하게 말해, 삶과 죽음의 경계에 있는 아픈 시간만이 늘어난 것이기에 삶의 질이 좋아진다고 생각하기 어렵습니다. 그래서일까요? 이 보도에 달린 베

스트 댓글입니다. '병원 침대에서 더 사는 게 무슨 의미냐. 1개월이라도 삶을 정리하고 죽는 게 존엄한 거지.'

자신이 평생 쓸 의료비의 절반을 죽기 직전 1년에 쓴다는 말이 있습니다. 그러니 가족들에게 괜한 고생을 안기기 싫어서라도 죽음을 선택하고 싶은 것이겠지요. 자본주의 사회에서 돈 잘 벌어보겠다고 한 번도 쉬지 않고 달렸던 사람들입니다. 때로는 보상을 받기도 했지만, 결과가 신통치 않으면 차별을 당하는 경우도 많았죠. 그런데 생애 마지막 순간에도 병원비로부터 자유로운 사람과 아닌 사람으로 구분된다면 참으로 안타까운 모습이 아닐까요?

한편으로는 죽는 순간까지도 개인의 의지대로 결정하지 못하는 모습이 비참해서 '죽을 자유'를 간절히 원하기도 하지요. 우리는 누군가의 배 속에 있을 때부터 사회라는 곳에 연결되어 싫든 좋든 여러 잣대에 맞춰 살아갑니다. 누군가의 자녀가 되어 가정의 룰을 지켜야 하며, 학생으로서 학교의 규율을 준수해야 했죠. 성인이 되어선 직장인답게 살아야만 했고 부모로서의 역할을 다하기 위해 아등바등하지요. 그런데 마지막 날에도 병원이라는 공간에 갇힌 '환자' 아무개여야 한다?

무작정 안락사를 허용하자는 주장이 아닙니다. 시대가 변했으니 개인의 존엄성을 어떻게 보장할 수 있는지에 대한 고민도 달라져야 한다는 것입니다. 죽음에 대한 생각일지라도 말이죠.

나랑
상관없는 일은 없다

사회 이야기만 들으면, '나랑 상관없는 일'이라면서 선을 긋는 사람들이 있죠. 사회로부터 자유로운 개인이 있을까요? 집값이 오르면, 성인이 되어서도 혼자 힘으로 독립할 수가 없습니다. 성인이 되어서도 부모님 눈치를 보느라 자기만의 인생을 자유롭게 살아가기가 힘들게 되는 것이지요. 노동자의 파업, 성폭력 사건 등이 과연 내 삶과 무관할까요? 미래의 자신이 행복하고 안전해지려면, 지금 그 문제를 외면해선 안 됩니다. 그러니 부당함에 저항하는 외로운 이들에게 늘 공감하고 어떤 식으로든 응원의 메시지를 전달하세요. '내 알바 아니다'면서 도망가지 마세요.

여러분이 오랫동안
살아갈 세상입니다

이 책은 2017년에 출간한 『1등에게 박수 치는 게 왜 놀랄 일일까?』의 후속 편입니다. 전작은 사회를 제대로 이해하기 위해서는 고정 관념을 깨자는 내용이었습니다. 여기에서 한걸음 더 들어가 그 사회라는 것이 오늘을 살고 있는 '내게' 어떤 힘을 행사하고 있는지를 구체적으로 확인해 보자는 게 『곱창 1인분도 배달되는 세상, 모두가 행복할까?』입니다.

청소년들이 지금껏 경험했던, 그리고 앞으로 마주할 세상을 솔직하게 소개한다는 생각에 무척 기뻤습니다. 큰 질문부터 추렸지요. 일평생 사람들은 어떤 차별에 노출될까?, 우리가 혐오에 둔감한 순간은 언제지?, 왜 불평등에 반대한다면서도 때론 찬성하지? 등등을 고민하며 목차를 만들었는데 금방 40개가 훌쩍 넘었습니다. 책이란 건 구성안이 완성되어야지 집필이 가능한데, 주제가 넘쳐 났으니 집필도 순조로울 거라 생각했답니다. 하지만 시간이 꽤나 걸렸습니다. 계획한 일정을 몇 번이나 넘겨야 했지요. 이유가 무엇이었을까요?

일반적으로 한 파트를 완성하려면 단계가 필요해요. 주제에 맞는 키워드를 몇 개 찾아내고 관련 자료를 검토하죠. 참조해야 할 다른 책을 읽고 영상 자료 등을 보면서 강조하고 싶은 지점들을 정리하고 자료를 기승전결에 맞추어 분산시킵니다. 그리고 문장 하나하나를 고민하며 자판을 두드리죠. 어려운 과정이지만 여러 권의 책을 집필했기에 대강의 작업 시간을 예상할 수 있는데, 집중하면 하루에 적어도 2개 정도는 거뜬히 쓸 수 있다고 생각했습니다.

착각이었습니다. 도무지 자료 수집이 멈춰지지가 않았습니다. '이 정도면 충분하다, 이제 쓰자', 이런 순간이 딱 하고 와야 하는데, 꼬리에 꼬리를 무는 내용들이 너무나 많았습니다. 폭력, 차별, 혐오의 사례는 넘쳐 났습니다. 종일 읽기만 하다가 시간을 다 보내는 경우도 많았죠. 여러 논의를 압축시켜야 하니 어떤 주제는 200매 원고지 10매 분량의 글이 완성되기까지 1주일이 걸리기도 했습니다.

몸이 힘들어지니 '청소년들이 독자인데, 내가 너무 무리하는 거 아냐?'라는 생각도 없지는 않았습니다. 하지만 결코 쉽게 갈 수 없는 내용들이었습니다. 청소년이라고 사회와 무관할 리 없고, 여러분 중 성인이 되지 않을 사람은 없으니까요. 오히려 지금의 십 대들이 다른 세대보다 더 오랫동안 세상의 물결에 얽혀서 숨 쉴 존재입니다. 그러니 잘 알아야겠지요. 저는 '이걸 굳이 이야기해야 해?'라면서 자기 합리화를 하지 않으려고 노력했습니다. 여러분도 '이런 걸 꼭 알아야 해?'라고 하지 않길 부탁드려요.

청소년들이 마주할 세상의 민낯, 감추고 싶은 우리들의 속마음을 과감하게 모았다고 자부합니다. 가끔 왜 사람들이 세상을 싫어하게끔 하냐면서 항의하는 분들도 만나지만, 그래야만 우리가 사는 이 공간이 좋아지고 그 덕에 모두가 행복할 수 있다는 것을 잊지 않으셨으면 합니다.

이 책을 읽으면서 자신을 피해자로 생각할 때는 통쾌했겠지만, 우리 모두가 가해자인 양 언급하는 지점에서는 불편함도 있었을 것입니다. 절대 외면하지 마세요. 순간순간, 아니면 언젠가는 이 책의 기억이 사회가 좋아지는 데 옳은 판단을 하는 연료가 될 수 있으니까요. 엉망인 사회를 애써 외면하면서 행복은 생각하기 나름이라고 여기는 건 결코 바람직한 시민의 자세가 아닙니다. 차별과 혐오가 없는 좋은 사회에서는 대단한 결심을 하지 않아도 누구나 행복할 수 있답니다.

질문하는 사회 09

곱창 1인분도 배달되는 세상, 모두가 행복할까?

초판 1쇄 발행 2020년 9월 10일
초판 5쇄 발행 2022년 12월 7일

지은이 오찬호 그린이 소복이
펴낸이 이수미
편집 이해선
북 디자인 신병근
마케팅 김영란

종이 세종페이퍼 인쇄 두성피엔엘 유통 신영북스

펴낸곳 나무를 심는 사람들
출판신고 2013년 1월 7일 제2013-000004호
주소 서울시 용산구 서빙고로 35. 103동 804호
전화 02-3141-2233 팩스 02-3141-2257
이메일 nasimsabooks@naver.com
블로그 blog.naver.com/nasimsabooks

ⓒ 오찬호, 2020
ISBN 979-11-90275-21-7
        979-11-86361-44-3(세트)

• 이 도서의 국립중앙도서관 출판예정도서목록(CIP)은
  서지정보유통지원시스템 홈페이지(http://seoji.nl.go.kr)와
  국가자료공동목록시스템(http://www.nl.go.kr/kolisnet)에서 이용하실 수 있습니다.
• (CIP제어번호: CIP2020035108)

• 책값은 뒤표지에 있습니다. 잘못된 책은 바꾸어 드립니다.